NOT KNOWING

by

Steven D'Souza and Diana Renner

序文

「知らない」ことの美徳について本を書くには、ある種の図太さが必要だ。読者がみずからの無知や無力を認め、未知がもたらす収穫を楽しむようになるのを期待するとしても、それを１冊の本にまとめられるほど十分に「知り」、読者に「わかる」ように執筆することは、はたして可能なのだろうか。

それでも、**知らない**ことを知ろうとする、この矛盾する試みは、仕事をするすべての人に、あるいは親として経験を積んできたすべての人に共鳴するに違いない。私の胸にも本書は強く響く。「知る」ことへのプレッシャーは、私のキャリア全般において、常にのしかかっていたからだ。

学歴は積んだが経験の足りない若者として、政治の世界に足を突っ込みはじめた頃も、そうだった。恩師がマサチューセッツ州検事総長の選挙に出馬し、その選挙活動で大きな責任を任された。何をすべきか皆目見当がつかなかったのに、私はそのことを自分自身に、また先輩や上司に対して認めようとせず、とにかくできるだけ早く選挙事務所に出勤していた――まるで、労働時間の長さで無能さを相殺するかのように。このときの私はプレッシャーに追い詰められていた。

また、私自身が野心あふれる政治家であった時期には——マサチューセッツ州議員を3期にわたって務めた——あらゆることの答えを準備し、どんなことにも見解をもっていなければという思いがあった。有権者やマスコミから聞かれたことは何にでも答え、威厳をもって話すようにしていた。

その後、政界を離れてジャーナリストになり、週刊新聞の編集長を務めた。部下をもつ管理職になったのは初めてで、このときも、何をしたらいいかさっぱりわからなかった。管理職として、そしてジャーナリストとして行動し決断しなければならない。しかし私には、**知らない**ことと向き合いきれずに苦戦している、と認める勇気も自信もなかった。誰かにサポートを頼むなど論外だった。

さらにその後、だいぶ年老いて、もはや自分や他人に力を見せつける必要もなくなってからの30年間を、私はハーバード大学の教壇で過ごしている。知識こそが王とされる環境で、私はようやく「**知らない**」ということを楽しめるようになった。「知を授ける」という責任にしがみつかないようになった。

そもそも教室という場所は、学生が全員前を向いて座る設計になっている。壇上に教授が立って知恵を伝授し、学生は従順さのほかには何も寄与しない。だが、学生の成長を最大限に促す講義ができるのは、私が完全にまっさらな頭で教室に入るときだ。その瞬間に100%で向き合って、指導計画や既知の真実でいっぱいになった自分の脳内の声ではなく、学生の意見に耳を傾けるときだ。

親としても同様。子どもが「父さんはすべてを知っているわけではない、完全無欠ではない、むしろ頻繁に失敗もするものだ」と悟るのは、親にとっては素晴らしく、またなかなか厳しい経験だ。私の真ん中の子ども（長男）が、確か9歳だったときにも、そんな出来事があった。野球の試合に出場している息子に、私は「もっとホームベースに近寄って立て」と怒鳴った。そうすればヒットを打てる可能性が高いから、と。私の言うとおりにした息子の腕を次の投球が直撃した。30年以上も前だが、このときの息子の顔は今も目に浮かぶようだ。涙をこらえながら一塁へ走る息子は、父のアドバイスを聞いたせいで痛い思いを味わったことに対して、明らかに当惑していた。息子にとっては何かががらがらと崩れる体験だったのだ。

人間として、組織の一員となって働くときも、人は「知っていなければならない」というプレッシャーを自分にも他人にもかけてしまう。特に上司に対する期待は大きい。上司は事態を掌握し、権威者として当然の機能を果たすべきだ——たとえ状況が把握できていなくても、方向性を示し、部下を守り、指示を出すのが当然である、と私たちは考えてしまうのだ。

本書は「**知らない**」ということに敬意を払い、受け入れている。狭量な者の開き直りなどでは決してなく、むしろ私たちを解放する力をもった一冊だ。読者が無知に向き合い、革新や適応を試みながら、21世紀の複雑性（complexity）、曖昧性（ambiguity）、不確実性（uncertainty）に立ち向かう自由を与える。好奇心と共感の翼を開かせ、「現在の知で、次に来る苦難も解決できる」という幻想にしがみつく者からの抵抗にも屈さない勇気をもたらす。
この本はそうした勇気の実例といってもいい。崖から飛び降り、**知らない**世界に飛び込む意欲を体現している。この世界で、また日常の生活の中で直面する苛酷な試練に立ち向かっていくつもりなら、**知らない**姿勢で臨むことこそ、私たちにとって絶対に欠かせない要素なのだ。

マーティ・リンスキー

ハーバード大学ケネディスクールで教壇に立つ。ケンブリッジ・リーダーシップ・アソシエイツ共同創立者。共著書に『最前線のリーダーシップ　危機を乗り越える技術』（竹中平蔵監訳、ファーストプレス、２００７年）や、『アダプティブ・リーダーシップの実践（The Practice of Adaptive Leadership）』（未訳）がある。

はじめに

こんな場面を想像してみてほしい——ひそかに憧れている相手が、あなたにプレゼントをくれるという。笑顔を浮かべ、「これをあなたに」と言って、奇妙な形をした大きな箱を手渡してくる。丁寧に包装された箱だ。驚きつつも開けようとすると、相手はこう言う。

「開けるのは3日後まで待って」

「3日後？」とあなた。いったい何が入っているんだろう。もった感じは重いが、中身は推測できない。そっと振ってみても音はせず、ヒントはつかめない。これはずっと夢見てきた愛の告白だろうか。それとも、ただの社交辞令的なものだろうか。その夜のあなたは眠れない。好奇心がふくれあがり、1日だって待てないという思いに駆られる。今、知りたい。3日を待たずに箱を開けてしまおうか。


何かを知りたいとき、それを「知らない（not knowing）」ままでいる状態はつらい。つらい状態は避けたいが、人として生きる以上、すべてを知ることは不可能だ。だから私たちは答えを知る人のほうを向く。専門家、リーダー、その他の知っていそうな人。一方で、自分に多少なりとも知識があるときは、その知識が自分の手から消えていくことを恐れる。**私たちは神経**

学的に、予測のつかないものを避け、確実なものを好むようにできているのだ。曖昧な状況、不透明な状況は、私たちに無力感を抱かせる。恥ずかしくうしろめたい気持ちにさせる。

だが、私たちが住むこの世界は不確実だ。複雑で、不安定だ。直面している複雑な問題を解決するどころか、はっきりととらえることすらできない。自分の知識がおよぶ範囲ぎりぎりの境界線に立たされると、私たちは既存の知識にしがみつくか、手っ取り早い解決を試みるか、あるいは状況そのものをそっくり投げ出そうとする。

未知に対する人間の一般的なアプローチには穴がある。本書のねらいは、**その穴を考察し、「知らない」ということとの関係をもっと実りあるものにする方法を探る**ことである。既知の先には可能性に満ちた土地が広がっている。境界線から逃げずにいれば、まったく新しい学び、創造性、喜び、不思議と出会えるかもしれない。本書ではその体験を「**知らない**（Not Knowing）」と呼ぶ。「**知らない**」というのは状態ではなく動作だ。無知と対峙するプロセスのことだ。

書籍とはそもそも専門知識や知恵を運ぶ入れ物だ。著者である私たち二人は、本書の執筆を始めてすぐに、未知や無知について本を書くというパラドックスにぶつかった。本質的にミステリアスでよくわからないもの、もしかしたら知り得ぬものについて「知る」文章を、いったいどうやって書けばいいのか……と。

本書はハウツーガイドではない。よって、はっきりした答えも提示しない。かわりに、科学、アート、文学、心理学、ビジネス、信仰、伝統的な知恵など、幅広いレンズを通じて、**知らない**ということについて考察していく。読者のみなさんには、本書で紹介するさまざまなエピソードや体験談を読み、**知らない**こととの関係を拓いていってほしいのだ。

本書の執筆にあたっては、世界中から膨大なエピソードを集めた。未知にぶつかり、苦戦して、思わぬ「可能性」とめぐりあった話もあれば、既知と未知との境界線で働くことを日常としている人々の話もある。

歴史上のエピソードもいくつかあるが、ほとんどは私たちが直接インタビューした、現代の出来事を紹介している。大きな傷を勇敢にも開いて語られた物語もあった。その厚意に感謝し、匿名性を守るため、本書では一部を仮名で紹介している。また、基本的にはビジネスに役立てるねらいで執筆しているものの、内容は公私問わず人生のさまざまな状況に応用可能と考えている。

知らないことについて語ろうとする私たちも、さまざまな「未知」を体験してきた。自分の身にかかわることを自分は知らない・知りえないという立場に幾度となく置かれ、それと戦い、逆らい、往々にしてただひたすらにその状況を憎んできた。これを読んでくださるあなたと同様、未知や無知との格闘を経て、本書はできあがった。

リサーチと執筆のプロセスを通じて、私たちは**知らない**ということに向き合った。今の私たちは既存の知識に依存しない。確実だと断言する声には疑いのまなざしを向ける。そして、**知らない**ことに対して、以前より安心して接するようになった。あなたにも同じ変化が訪れることを、私たちは願ってやまない。

なお、巻末には、本書の内容を振り返り、さらに思索を深める「問いかけ」も載せている。ぜひ活用されたい。

最後に、この先のページをめくるにあたっては、ぜひ「探究心」を旅の友にしてほしい。ねじれた道、曲がった道にも臆することなく、出会う発見に心を開いてほしい。

スペイン人の作家アントニオ・マチャードは言っている――「旅人よ、そこに道はない。道は歩いてつくられるものだ」と。

CONTENTS

「無知」の技法

NOT KNOWING

目　次

CHAPTER 5 暗闇が照らすもの

PART 3 「ない」を受容する能力

APPENDIX 歩くことによってつくられる道

ブックデザイン　ウチカワデザイン
DTP　ダーツ

PART 1

「知識」の危険性

CHAPTER 1

「知っている」はいいことか？

1 知のパワー

我が子が初めて危なっかしい一歩を踏み出せば、親は満面の笑顔で、歩んできた幼な子を抱きとめる。初めて言葉をしゃべった、新しいお歌をおぼえた、学校の書き取りテストで満点をとった……そのたびに子どもは賛辞と注目を浴びる。私たちはこうして、人生のかなり早い段階から、知識を増やし、習得することを褒められ、褒美を与えられて育ってきた。

16～17世紀の哲学者フランシス・ベーコンが遺した有名な言葉「知は力なり」を引き合いに出すまでもなく、専門知識の有無――もの知りに見えるかどうか――がステイタスを決めること、影響力や権力、評判も左右することを、学校で、職場で、そして人生を通して私たちは思い知る。知識があると示すだけで、人は威厳をまとい、周囲から尊敬のまなざしを向けられる。

ここ数十年のあいだで、先進国も発展途上国も、農業と製造業からサービス業へと経済の軸を大きく移行させた。考えることで生計を立てる職業は増える一方だ。多くの国において、正規教育を一定レベル以上修めれば、それだけ高い就業機会に結びつき、高い年収が約束される。さらに、学歴の高さは健康、出産率、寿命とも直接的にかかわっている(高学歴であるほど健康を維持し、出産率は低く、寿命は長い[1]。

知識や専門性があれば、ステイタスとパワーを得て、自分は重要かつ価値ある人間だという認識さえ生まれ、それが自信へとつながる。

『ブラック・スワン─不確実性とリスクの本質』(ダイヤモンド社)の著者ナシーム・ニコラス・タレブは、人間はみずからの知識を「保護され防衛されるべき個人的財産」とみなす、と指摘している。

「それは序列の先頭に立つためのトサカなのだ。自分が何を知っているかということを、我々は非常に重く考える[2]」

企業組織も専門知識や能力を重視する。基準に見合ったパフォーマンスを評価し、それによって昇進・昇給を決め、ボーナスなどの報酬を与え、私たちの知識に対する渇望に油を注ぐ。専門能力が高ければ高いほど勝者である、上にのぼればのぼるほど多く稼げる、という私たちの確信をいっそう強固にする。

そして私たち自身の脳も、知識があること、確信できることを望む。最近の神経科学研究によれば、**人間の脳が最適な機能を果たすためには確信が必要なのだ。**

コンサルタントのデイビッド・ロックによると、確信が揺るがされると、神経学的には身体的攻撃と同じ苦痛を感じるのだという[3]。ほかの研究でも、不確実性が脳に与える影響を調査したところ、ほんのわずかな不確実性でも脳内でエラー反応を引き起こすことが確認された。

たとえば、上司が何を求めているのかわからない、自分は深刻な病気かどうか診断結果が出るまでわからない……そうした重大な不確実性を抱えているのは、私たちには大きな負荷なのだ。**人間の脳は常に答えを求めている**のである。

カリフォルニア大学の心理科学者マイケル・ガザニガは、この理論を裏づける研究として、重篤なてんかんの治療として左脳・右脳の接続を分断する手術を受けた患者を調査した。脳の半球それぞれに対して同じ実験を適用したところ、左脳に、ガザニガが「インタープリター(通訳)」と呼ぶ神経ネットワークが存在することがわかった。**左脳は常に解釈を行なっており、「いつでも秩序と理屈を探している。たとえそれが存在しない場合でも」**[4]というのだ。

私たちが知識を貪欲に求めること自体は不思議ではない。知識は素晴らしいものだ。何しろ知識があれば褒美が得られ、尊敬され、昇進して、金持ちになり、健康になり、自信もつくのだから。

だが、そこには多少の疑義をさしはさむのが妥当であるかもしれない。メリットだらけでデメリットなし、と謳う商品の効果を疑ったことはないだろうか? 知識がはらむ問題とは、それが便利であるという、まさにその事実に潜んでいる。

知識が足枷になりかねない場面でも、私たちは知識にしがみつく——そして、新たな学びと成長を阻まれるという、パラドックスに陥っている。

YOUR KNOWLEDGE
COMFORT ZONE
NOT KNOWING

NEW IDEAS

FREEDOM

CREATIVITY

FLUIDITY

SILENCE

EXCITEMENT

COURAGE

MINDFULNESS

OPP ITY

IN CE

T I

C Y

E

A E

LEARNING

LIGHT

AWARENESS

INFORMATION

REALIZATION

SPACE

IMMUNITY

FLEXIBILITY

INTELLIGENCE

2 既知を疑い、自分の目で見て、考えた解剖学者

ときは1537年、ところはイタリアのパドヴァ。フランドル人の若き解剖学者、アンドレアス・ヴェサリウスは、学問のためにこの街に足を踏み入れた。携えているのはわずかな所持品と、人体を理解したいという熱い志のみ。

ヴェネチアの西35㎞に横たわる都市パドヴァは、芸術と科学を育む泉として、世界の中心となりつつあった。ヴェサリウスはこの街で、創立200年の歴史があり、当時のヨーロッパで医学および解剖学の最高峰とされた大学で学ぶことになっていた。[5]

1514年のブリュッセルで、王宮づきの薬剤師だった父のもとに生まれたヴェサリウスは、幼少期から人体に魅せられていた。解剖のために近所で犬、猫、ネズミをつかまえてきて、それをバラバラにしているところをよく見つかっていた。[6] 完全な人体骨格を入手しようと、絞首刑後の死体を盗み出し、自分と家族をきわめてまずい立場に追いやったこともある。[7] 何としてでも人体を知りたいという熱意は、18歳の彼をまずパリへと向かわせた。ヴェサリウスはそこで医学を学びはじめ、古代ローマの外科医にして哲学者であったガレノス（129〜200年

頃）の独創的な解剖研究と出会った。

ガレノスは、3人のローマ皇帝の専属医として仕え、剣闘士たちの傷の治療にあたり、その豊富な経験を著書に記した。ガレノスの研究が有益であった理由は、人体の構造のみならず、そのはたらきの複雑さも解説していた点だ。喉の発声の仕組みを実験したほか、血液には暗い血液と明るい血液、すなわち静脈と動脈の違いがあることも初めて発見した。何世紀ものあいだ、大勢の医師がガレノスの研究をあおぎ、その主張を全面的に信奉してきた。

ガレノスの教えはルネサンス時代のヨーロッパの医学教育を支える基盤だったのだ。そのため、ヴェサリウスが医学の世界を目指したときも、発表からすでに1400年もの歳月が経っていたにもかかわらず、ガレノスの人体研究こそが外科医および解剖学者の教科書だった。

多くの医学生たちと同様、ヴェサリウスもガレノスの教えに夢中になった。当初は疑念をはさむ余地もなく納得していたが、実際に解剖研究に没頭し、ガレノスの教科書を検証的に読むうちに、齟齬やささいな間違いに気づきはじめる。パドヴァの大学でさまざまな講義を受け、研究と経験を積むにつれ、ヴェサリウスはガレノスの教えに対して疑いを深めるようになった。

当時、解剖は大々的なイベントとして、学生や招聘された学者など大勢が見守る中で執り行なわれるものだった。厳しく儀式化され、大学が定めた伝統としきたりで統制されていた。解剖学の教授は巨大な高座に座って指示を出し、実際の作業には携わらない。ガレノスの解剖学教科書を読みあげるだけで、執刀は別の外科医が担当し、また別の者が臓器を取り出し、披露するのだ。こうした解剖は、ヴェサリウスに言わせれば、ガレノスの古い教科書をなぞっているだけで新たな学びを得る機会ではなかった。

当時の医学界はガレノスへの盲信があまりにも強かった。心臓を取り出した外科医はそこに４つの心室を目で見ていたにもかかわらず、ガレノスの解説に従って３つと指摘したほどだ。

数年後にヴェサリウスは、実際の人体解剖に基づく高精細な画像を多数掲載した『ファブリカ』を出版した。この書は近代医学の道をつくったとされている。ローマ以来延々と続いてきた現実にそぐわない解剖学を、実際の医療に使えるものに変えたのである。

ガレノスの解剖学書は「**静止した知識**」だった。しかし、それが１４００年ものあいだ、確かな既知、安泰なものとして、妄信されつづけていた。現代の私たちからすれば、ガレノス信者の解剖学者たちは愚かに思えるかもしれない——だが、私たちも今、同じような過ちを犯し、既存の知識の確実性に頼っているのではなかろうか。

ヴェサリウスは著書で、ガレノスの権威に逆らうなど当時は考えられないことだったと述べている。

「それはまるで、魂の不滅をひそかに疑うかのようなものだった」[8]

ヴェサリウスはなぜ、人体を正しく認識できたのか。

理由はただひとつ。自分の目で見て、考えたからだ。

3

ひとりよがりのうぬぼれ

自信過剰な専門家は、自分に専門知識があると確信し、専門家のように行動し、専門家のように見せようとする。彼らは幻想にとらえられている可能性があるが、私たちは専門家を疑うのが不得意だ。

ダニエル・カーネマン（心理学者、行動学者）

「マクシミリアン・ロベスピエール」「ガリレオ・ラバーノ」「ボニー・プリンス・ロレンツォ」「ウンデッド・ニーの虐殺」「シャドック女王」「ピグマリオン」「マーフィー最後の遠乗り」「フォースタス博士」――さて、これらのうちどれかひとつでも聞き覚えがあるだろうか。

これは、カリフォルニア大学ハース経営大学院の准教授キャメロン・アンダーソンが行なった実験だ。ＭＢＡの学生２４２人を対象として、学期の最初に、これらの歴史的出来事や人物の名前を知っているかどうかたずねた。学生は知っている名称、聞き覚えのある名称を答える。だが、そこには架空の名称も入れてあった。

もちろん読者もお気づきのとおり(?)、「ガリレオ・ラバーノ」「ボニー・プリンス・ロレンツォ」「シャドック女王」「マーフィー最後の遠乗り」は実在しない。実験で、これらを選んだ学生は自信過剰ということになる。実際の知識以上に自分はものを知っている、と信じているからだ。[9]

ところが、学期末にふたたび調査をしてみると、**自信過剰だった学生ほど、交友関係の中で高いステイタスを獲得**していることがわかった。仲間から尊敬され、たいていは憧れの対象ともなり、グループで決断する際にも意見を尊重されていた。

アンダーソンによれば、仲間はその学生を自信過剰とは考えていなかった。彼はすごい人だ、と思っているだけだった。自信は傲慢やうぬぼれと受け取られず、秀でた特長とみなされていたのである。[10]

実力を伴う「現実的な自信」は、この世界で生き伸び、成功していくために欠かせない要素だ。自信がないと自己評価も低く、職場でもぱっとせず、人間関係もうまくいかず、精神的健康と人生の質に負の影響を与える。[11]アンダーソンの研究を一歩先に進めて考えると、自信のある人ほど自分が選択した分野で成功しやすいということができる。希望の職に就く、昇進する、重要な契約をまとめる、大型の顧客を勝ち取るなど、成果を達成しやすいのだ。[12]

厄介なのは、実力を伴わない「過剰な自信」である。自信過剰はバイアスとなり、判断力を狂わせる。自分の判断や能力をポジティブに受け止めすぎてしまうのだ。50年以上かけた研究の結果によると、**人間はほぼあらゆる面で自分を「平均以上」とみなしたがる傾向がある。**バイク乗りは、一般的なバイク乗りより自分は事故を起こす確率が低いと信じているし、ビジネスリーダーは、自分の会社が成功する可能性は業界内の平均的企業より高いと信じている。

大学教授の94％は自分の研究が平均以上と思い、研修医はX線検査結果を見たあとの自分の診断にかなりの自信を抱き、臨床心理学者は自分の見立てが正確である確率を高く見積もる。[13]もちろんそこには落とし穴があるのだが、こうした自信過剰が一般的であるのは、そこに重大な社会的利点があるからだ。

たとえば、政治の世界で考えてみると、有権者は自信ありげな政治家のほうを信用できると見なす傾向がある。政治家になりたい者は当然、選挙に勝つために、政敵よりも自信ありげに見せる方法を身につけたほうがいい。[14]

裏を返せば、専門職や知識の蓄積が重要な職業に就く者は、自信過剰に足をすくわれないよう、みずから警戒する必要があるのだ。

ギリシャの哲学者ヘラクレイトスの言葉は、2500年以上前のものでありながら、現代においても的を射ている。

「言葉とは、物事をともに認識するために必要なものだというのに、人間は、意味をなさぬ賢者の言葉をまるで知恵のかたまりであるかのように扱う」

インテルＣＥＯであったアンディ・グローブは、１９９５年に前立腺がんと診断されたとき、外科手術が最善の選択肢だと勧める医師たちの短絡的かつ断定的なアドバイスに失望した。『アンディ・グローブ　修羅場がつくった経営の巨人』（ダイヤモンド社）を書いたハーバード大学教授リチャード・S・テドローは、グローブのことを「自分のことは自分で考えよう、というタイプ」と評しているが、その評にたがわず、医師の忠告を額面どおりに受け取らなかった。

ナチスと共産主義者から逃れ、１９５０年代にハンガリーからアメリカへ移住してきたグローブは、がんから生き延びる最善の道も自分で見つけることにした。病気について自分で徹底的に調べ、外科的手術にかかわる対策を見つけた。代替治療に関するデータは当初から存在していたのだが、医師は誰一人としてそれに言及せず、グローブに検討を勧めもしなかったのだ。その発想範囲の狭さに衝撃を受けつつ、グローブは「放射線治療」を代替医療として選んだ。

グローブは、放射線治療を任せることになった医師にも、自分が患者だったらどうするか、とたずねている。医師は、おそらく従来どおりの外科手術を受ける――と答え、さらに次のような驚きの説明を加えた。

「医学の訓練を受ける中で、『前立腺がんの治療法は外科手術である』と叩き込まれてきました。それが今も私の考えを形成しているのかもしれません」[15]

1996年にフォーチュン誌に寄稿した記事「前立腺がんとの闘い」で、グローブはスタンフォード大学の泌尿器学部長だったトーマス・A・スタミー博士の言葉を紹介している。博士は、医療のプロが直面する壁について、こう語った。

「深刻な病気に直面すると、我々は子どものようになり、不安になって、誰か指示をしてくれる人を探す。がん患者に対して偏見を挟まない治療方法を提示するというのは、それが客観的な情報に基づいているとしても、医師の肩にのしかかる重責だ。我々はその責務を担い切れていないのではないかと思う」

深い知識と専門的研究への注力があるからこそ、専門家になれる。専門領域に貢献することができる。だが、逆に、深い知識と専門的研究への注力があるからこそ、視界が狭くなることがある。専門性を評価されている人間は、往々にして、その領域の外をしっかり見ようとしない。そうしようというインセンティブがない。また、専門性が高くなればなるほど、視野が狭くなる場合もある。**「知っていること」に焦点を置くあまり、知っていることを疑ったり、知らないと認めたりすることができなくなる**のだ。[16]

4 キツネとハリネズミはどちらが賢いか？
――専門化の限界

シンプルに説明できないなら、きちんと理解していないということだ。
アルバート・アインシュタイン

企業は常に「競争優位の源泉」を求めている。その一環として、最初から専門知識をもった人材を起用しようとする。だから正規の教育でも、また非公式な学びの場においても、人はつい広い追究より深い追究に走る。著者である私たちの研究では、**人は新しいスキル獲得に努力をするよりも、すでに得たスキルの継続的向上を望む傾向がある**とわかった。あるジャンルで長年受けてきた訓練のコストを考えると、それを捨てて「1から始める」ことができないのだ。

知識の専門化には利点がある。だが、そこにはリスクもある。能力が高くなればなるほど、私たちは「**知の呪縛**」に陥りやすくなるのだ。知の呪縛とは、**知識が増えることにより、その**

専門領域をシンプルに思考・説明できなくなる状態をいう。[17]

相手のレベルはおかまいなしに高度すぎる会話をしたがり、話が通じないと見るや相手に理解力がないと決めつけ、いたずらに混乱を招き、学ぼうとする相手を阻害する。この呪縛のせいで、知識を伝達したい場面でもせっかくの「知」が伝わっていかないのだ。

難しい専門用語ばかり使う人も同様。専門用語やバズワードを学んだアマチュアは、ついそれを駆使して、知識があるという印象を与えたがる。わかりやすく説明する能力のない専門家だろうが、無能を隠すために専門用語を振り回している素人だろうが、話を聞く側にとっては厄介なだけだ。

専門知識は、複雑な問題に対する斬新なアイデアも阻害する。『アイデアのちから』(日経BP社)の著者、チップ・ハースとダン・ハースは、ハーバード・ビジネス・レビュー誌に寄稿した論文で、「人は知識を与えられると、知識がないというのがどういうことか、想像できなくなる」[18]と指摘している。

特定のトピックに詳しくなればなるほど、その問題を誰もが理解するようなニュートラルな形で切り取ることが難しくなる。その問題の定義の中に、自分の見解が組み込まれてしまうからだ。知識や専門性は私たちの視野に境界線をつくり、その先にあるかもしれない解決策の探索を阻む。そして私たちは既成概念にとらわれない水平思考ができなくなる。行動経済学者は、これを**「アンカリング・バイアス」**と呼ぶ。既存の知識が錨《アンカー》で固定されてしまい、問題の本質が見えなくなるのだ。[19]

ＨＩＶの新たな解決策を探す目的で設立された、国際エイズワクチン推進構想（ＩＡＶＩ）という機関がある。この団体は、エイズウイルスの有効な予防接種の発見を目指して、科学コミュニティにアイデアの応募を呼びかけた。革新的なアイデアを選出し、実現のために金銭的支援を行なうという試みだったが、残念なことにあまり有望なアイデアは寄せられなかった。

原因は、専門家たちが問題をワクチンと結びつけて固定《アンカー》してしまい、ワクチンになりうる解決策しか探索しなかったことにある。ワクチン以外の解決策も有望となる可能性もあるのに、「ＨＩＶの解決策はワクチンのはず」という偏見にとらわれてしまっていたのだ。「トンカチをもっていたら、何でも釘に見えてくる」という言い回しがあるが、まさにそのとおりの事態である。

イノベーション・コンサルタントのアンディ・ジンガは、ＨＩＶワクチンの開発ではなく「タンパク質の安定化」に目を向けてはどうか、と提案した。[20] 課題を解決策のタイプ（ワクチン）から、問題そのもの（タンパク質の安定）に切り取り直したのだ。より幅広い研究者・専門家が問題に取り組み、結果として、14カ国の有能な科学者から34件の提案書がＩＡＶＩに寄せられた。以前よりもはるかに革新的な発想ばかりだ。そのうち3件に研究助成金が与えられる運びとなった。

この例からもわかるとおり、**高いレベルの専門知識をもつ組織または人間は、ときに専門分野の境界線に阻まれて、斬新な角度から問題を見られなくなる。**

ペンシルベニア大学の心理学および経営学教授フィリップ・テトロックは、著書『専門家の政治的判断（Expert Political Judgement）』[21]において、専門家が下した2500件以上の予測を分析し、実際の展開との比較考察を行なった。そのうえで、ギリシャの詩人アルキロコスが書いた「**キツネは多くの物事を知り、ハリネズミはひとつの大事なことを知る**」という表現を借りて、人間を「キツネ」と「ハリネズミ」の2種類に分類している。

ハリネズミには深い知識があるが、予測の正確さという点では、キツネのほうに軍配があがる。専門家（ハリネズミ）は視野が狭く、自分の専門分野を越える全体像を把握できない。専門知識の信用性では劣る人（キツネ）でも、多くの物事を知っていれば、正確な予測ができるのだ。[22]

5 意図的に目をつぶる――アスベストに冒された町

自分の見たものを理解できず、学んだことを判断できず、
それでいて「知っている」とうそぶく人間は少なくない。

ヘラクレイトス（哲学者）

モンタナ州の北西、アメリカとカナダの国境近くに位置するリビーは、人口2600人の小じんまりとした町である。クートネー川がつくる狭い谷と、緑の深い山々に囲まれている。このリビーを訪れると最初に目にするのは、「アイ・ラブ・リビー」という看板を掲げた古い喫茶店や店がそこここにある、ごく普通のアメリカの片田舎の光景だ。しかし、リビーの歴史は決して「ごく普通」ではなかった。美しい景色と静かな町並みの中で、ひとつの悲劇がゆっくりと展開してきたのである。

リビーは50年以上にわたり、アスベストと戦っている。アスベストのせいで数百人が命を落

とし、住民は3世代にもわたって被害をこうむってきた。アスベスト関連の病気による死亡率はアメリカ全体と比べて80倍も高く、新たな患者も増える一方だ。アメリカ合衆国環境保護庁(EPA)は、これを「アメリカ史における最もおそろしい環境災害」と呼び、リビーは環境災害の「グラウンドゼロ」となっている。

ことの発端は町のそばにある鉱山にあった。WRグレースという会社が所有し、バーミキュライトという鉱物を採掘していたのだが、バーミキュライトそのものは問題ではない。バーミキュライトが見つかる岩石の中に、アスベストの最も有害な形態であるトレモライトが含まれていたことが問題だった。トレモライトは長い繊維状で、顕微鏡で見るとトゲがありフックのようになっていて、人が吸い込むとこれが肺組織に引っかかり傷つけるのだ。

1960年代初頭には、すでにアスベストが肺病の原因となっていることは判明していた。55年のWRグレース社の社内文書にも「アスベストの危険性」に関する記述があり、実際に多くの社員の胸部X線写真に、アスベストによる症状の兆候が写っていた。だが、本人にその事実は通知されていなかった。

リビー住民も有害な粉塵を浴びていた。元採掘労働者のひとりが、ラジオのインタビューに応えてこう語っている。

「そこらじゅうに舞ってるんだよ。すごく細かいから、大気中にあるのはわからないが、コーヒーにたまって見えてくる」

60年代になる頃からアスベストによる病気が増え、命を落とす者も出はじめた。90年には4世帯にひとつが呼吸器疾患の患者を抱え、ほぼ毎週どこかの家から葬式が出ていた。

ところが、この町で何かおそろしく悪いことが起きている証拠は山のようにあったのに、自治体も、州当局も、そして政府機関も、何の対策もとらなかった。誰もが30年以上も、あえて問題に目をつぶりつづけたのだ。

そうした状況で立ちあがった人物がいた。地元に住むゲイラ・ベネフィールドという女性だ。彼女の家系からは、40年以上にわたり30人以上が肺関連の病気で命を落としていた。自身の両親を含め、娘と孫娘に至るまで、近しい家族の多くが被害を受けていた。「エリン・ブロコビッチ（※訳注　環境運動家。素人ながらも環境汚染被害について大企業を相手に訴訟を起こし、勝利を収め有名になった。この訴訟はジュリア・ロバーツ主演で映画化されている）のように弁が立つ[23]」ベネフィールドは、この悲劇との戦いを象徴する存在となった。

彼女はアスベスト問題について声をあげ、コミュニティの意識を変えて、責任者たちを司法の場に引きずり出したのだ。

これほど大規模の災害で、これほど悲惨な結果が生じていたのだから、無視するほうが難しい――あなたはそう思うかもしれない。だが、圧倒的な証拠があり、人々自身が悲劇と直接的に接していたにもかかわらず、ベネフィールド以外のリビー住民は動かなかった。大半の人が友人や隣人、そして家族を亡くしていたのに、まるでおかしなことなど何も起きていないかのように、日常生活を続けていた。町全体が喪に沈み、住民たちは苦しみに文字どおりあえいでいたのに、誰もそれを認めようとはしなかった。リビーの町は、**人が意図的に目をつぶる状態**の典型例となっていたのである。

ベネフィールドが声をあげたときでさえ、反応はさまざまだった。無視する者もいた。避ける者もいた。嘲笑する者、軽んじる者、反発する者、否定する者もいた。自分の健康に被害がおよんでいない住民ほど、周囲に起きている健康被害に対して懐疑的な態度を示した。それほど危険な状況なら、誰かが何かしているはずじゃないか。医療関係者から指摘があるか、関係機関が調査に乗り出すかしているはずじゃないか。そもそも、ただの中年女性にすぎないベネフィールドが、アスベスト疾患について何がわかるって言うんだ？

多くの住民が、リビーの町は大丈夫だと主張していた。安心して家族と暮らし、子どもを育てる完璧に安全な場所だと思っていた。のちにインタビューに応えた女性が、「みんな、この町は何にも問題ない、って信じてました」と語っている。[24]

コミュニティは、ベネフィールドの主張を信じるグループと、そのことについて話したくもないグループとに分裂した。アスベスト疾患を患う者には冷たい視線が送られ、怒りや憎しみがぶつけられることすらあった。まるで世界全体が共謀して単純な真実を覆い隠しているかのように、ＥＰＡでさえ懐疑的な対応をした。

やがて調査が行なわれることになったが、そのチームリーダーとなったＥＰＡのポール・ペロナードでさえ、当初の反応はその他大勢と同じだった。

「何か悪いことが起きているのなら、とっくに気づいていているはずだ。みんなわかっていて、袋叩きにしているはずだ[25]」

しかし、ベネフィールドはあきらめなかった。最終的に、防護服を着た汚染除去チームが町に姿を現して、有害なエリアをテープで封鎖し、汚染された土壌を何トンも集めて運び去り、家族を家から退去させ住宅にビニールカバーをかける作業を始めた。だが、そうなってからもなお、住民の中には現実を認めようとしない者もいた。アスベスト疾患専門の病院ができたが、そこに通う者も当初は裏口を使っていた――ベネフィールドが正しかったと認めるのがいやだったからだ。[26]

採掘会社のＷＲグレース社は否定を続けたが、最後には法廷で、アスベストによる被害をこうむった家族への金銭的補償を命じられた。人々は徐々に、この町の悲劇の甚大さを認めはじめた。

リビーの住民、関係機関、そして政治家たちが、アスベスト被害の可能性について最初に耳にした時点で「よくわからないぞ。何が起きているんだ？」と言っていたら、どうなっていただろうか。問題を意識し、早期に調査を始めていたら、事態は変わっていたのではないだろうか。

リビーは安全に子育てできるすてきなコミュニティです——ということを「知っている」と思い、その知にずっぽりはまりこんでいた彼らは、信念を揺るがすことができなかった。知にしがみつき、意図的に目をつぶったせいで、命にかかわる大きな問題に**知らない**という姿勢で向き合えず、惨事は拡大したのである。

I S E can limit and narrow your perspective

専門家となるための知識が、視界を狭めることがある

Knowledge to
become an **EXPERT**

6 見せかけの知——なぜ、リーマンショックは予測できなかったのか?

ネクタイをした人間から予測を聞くのは得策ではない。
ナシーム・ニコラス・タレブ(『ブラック・スワン』著者)

1974年、ノーベル経済学賞を受賞したフリードリヒ・ハイエクは、その受賞記念講演を「見せかけの知」と題して、古典的な経済理論を前提とした〝全知〟をあてにする政策に警鐘を鳴らした。以来、専門家の予測を信じすぎる問題に関する研究が数多く世に出ている。専門家の予測は間違っていることが少なくないからだ。[27]

2008年11月、リーマンブラザーズの破綻後、金融危機が最も深刻な様相を呈していた時期に、エリザベス女王はロンドン・スクール・オブ・エコノミクスを訪問している。名高い経済学者たちを前に、女王はシンプルながら実に手厳しい質問を放った。

「信用収縮が進んでいたことに、なぜ誰も気づかなかったのですか?」

英国学士院は女王の問いへの答えを出すべく、2009年6月17日、多様な専門家、学者、そしてロンドン市当局、実業界、規制機関、政府組織の要人を招いたフォーラムを開催した。

そうしてまとめられた女王への書簡は、一度は公開差し止めを経たあと、2009年7月26日に公開された。同書簡には、金融危機は不意打ちではなく、むしろ予測可能であった、と説明されている。

「多くの人が危機を予測していました。(……)金融市場と国際経済の不均衡については、数々の警告がなされていました。たとえば国際決済銀行(BIS)は、金融市場にリスクが正しく反映されていない点について、繰り返し懸念を表明していました」

BISだけではない。イングランド銀行(BOE)も、半期ごとに発行する金融安定報告で、たび重なる警告を発していた。リスク管理者の数が足りなかったわけでもない――ある銀行には4000人のリスクマネジャーがいた。

実際のところ、問題は警告がなされたかどうかではなかった。書簡は、**少数の専門家に対する過信が問題だった**と特定している。偉い人は事態を理解している、複雑な状況を把握する専門知識がある、という決めつけがあったせいだ、と。

「警告があったにもかかわらず、ほとんどの人は、銀行はみずからの行動をわきまえているものと確信していました。金融を操る魔術師が、リスクマネジメントの新しく賢い方法をひねり出しているのだろう、と信じていました。それどころか、リスクは新しい金融商品の中に分散し事実上消滅した、と主張する声までありました。希望的観測と傲慢さが組み合わさった例として、これより壮大な例は過去にひとつも思い当たらないほどです（……）当人たちも、みずからの判断に欠陥があるとか、自分が管理している組織のリスクを完璧に調べきれていないとか、信じたくはなかったのです。大勢の銀行家や金融業者たちはみずからを欺きつつ、同時に、彼らは先進経済を導くエンジニアであると信じた人々を欺いていました[28]」

規制緩和、低金利、インフレといった傾向も、金融危機を進行させる要因だった。書簡はその点も認めつつも、はっきりと指摘している。**かかわった個々人はきわめて知性が高い人々だったのに、傲慢さと、群集心理と、重要な役割を果たす専門家への盲信による集合的失態として、今回の金融危機は生じたのである**、と。

当時アメリカ連邦準備制度理事会（ＦＲＢ）議長であったアラン・グリーンスパンも、世界金融危機の予測に問題があったことを認めている。

「連邦準備制度は優れた経済専門集団である。（……）この卓越した有能な人々が今回の重大な危機の進行を予見できなかったのだとすれば（……）我々は胸に問わなければならない。なぜそうだったのか。答えはこうだ。**人間である我々はあまり賢くない。物事が起きるのを前もっ**

て予見はできない[29]」

認めたくないかもしれないが、人間の認知能力には重大な限界があるのだ。

チェスを考えてみよう。チェスのグランドマスター（2013年現在で世界に1441人しかいない）[30]がずば抜けた認知能力をもっていることは多くが認めるところだ。だが、そのグランドマスターでも、チェスの試合において想定できるのは10手か15手先まで。これを世界経済と比較してみてほしい。たとえ4000人のリスクマネジャーがいようとも、数々の市場——数百万人が合理的または不合理に、予測範囲内または混乱の中で、おのおの交錯する判断を数百万種類も決めている市場において、その動きを正確に予測することが誰かに可能であるなどと考えるほうが、愚の骨頂ではないか。

ベルリンにある学術研究機関マックス・プランク研究所の適応行動・認知学センター所長、ゲルト・ギーゲレンツァーは、いまだにファイナンシャルアドバイザーを妄信し、他人が自分の未来を予測してくれるという信念にしがみつくことに対して、驚きを表明している。金融機関は年に一度、ダウ指数およびアメリカドル相場の動向について年間予測を実施しているが、それに対するギーゲレンツァーの舌鋒は鋭い。

「偶然よりマシという程度の結果しか出ていない。我々は、ほぼ全面的に誤った未来予測を届

ける業界に、年間2000億ドルも支払っているのだ」[31]

専門家は、2008年の世界的金融危機を理解・予測してはいなかった。キツネとハリネズミの考察を提示したテトロック（37ページ）が示唆したとおり、**正確に予測するという点では、専門家は往々にして最も能力が低い**のだ。世界は、彼らが認識するよりも速く動いている。しかも、予測の精度を追及されたとき、彼らは自分たちが間違っていたとはめったに認めず、むしろ変化する状況を非難する。[32]

私たちは周囲からのプレッシャーを敏感に察知して、自分の力不足や無能ぶりを隠そうとする。たとえ答えを知らないときでも知っているふりをしたがる――あるいは反対に、ほかの人は知っていると信じたがる。専門家を探し、すべてを知っていると思いこむ。証拠が正反対を示しているときでさえ、他人の確信を疑って自分で判断するよりも、偽りの確信に依存するほうを選ぶのだ。特に、自分より上に立つ者との関係において、この傾向は何より深刻に顕著となるのである。

専門家とリーダーへの依存

CHAPTER 2

知識が投げかける影に注意を。

ジュリー・ダイヤモンド（プロセス指向心理学者、コンサルタント）

"beware
the shadow that
our knowledge
casts."

Process-Oriented Psychologist & Consultant Julie Diamond

1 知りすぎているリーダーと組織

アンナ・シミオニは、ヨーロッパの金融機関でチーフ・ラーニング・オフィサー（人材開発の最高責任者）という役職に就いている。子どもの頃は学習《ラーニング》など重視せず、特に小学校の宿題が大嫌いだった。真面目に登校していたし、成績もよかったが、宿題はよくクラスメイトに外注していた。知に対する必然性など感じることなく、「ちゃんとできている」なら、それでいいと思っていた。

高校時代には数人の仲間と「不確実者たち（Uncertainists）」と名乗って、自分たちの信条を主張していた。不確実者、すなわち確信をもたない人間として、「絶対に絶対はない」というモットーを掲げた。信じて行動しようとも、信じずに行動しようとも、あるいは行動しなくても、絶対確実ということはあり得ない、という考えだ。

大学に進学すると、不確実であることがほとんど許容されないことに驚いた。教授に言わせれば、問題の答えは必ず正答か誤答で、中間など存在しない。アンナは複数選択の設問には最低ふたつの正答がありうると考えた――百歩譲って正答がひとつという問いもあるにしても、そうでない場合もあるだろう、と。だが、教授たちは彼女の考えには関心をもたなかった。「これが正しい答え、それ以外は間違い」というのが彼らの姿勢だった。

コンサルティング業界で働きはじめると、またすべてが変わった。アンナ本人はこう語っている。

「あの体験が私をだめにしたと思います。仕事では、クライアントの求める正解を私は知っていなければならない、と強く感じていました。もっと知ろう、もっと能力を伸ばそうという努力の原動力になっていたのは、男性中心の組織で、実力を認められたいという思いでした。年齢や性別ではなく、自分の能力を評価されたかったんです。『あいつは女だから割増で評価されているだけだ』なんて言われたくなかったんです」

大学での経験、自分に対する自分自身の期待、働く環境で受けるプレッシャー。そうした要因が重なって、アンナはしだいに「正答、さもなければ誤答」という考え方がしみつき、能力を高めることを極端に重視するようになっていった。

アンナはとんとん拍子に、社内で「一流の人材」の地位を確立していった。24歳のときに受けた心理アセスメントで産業カウンセラーから「CEOの素質がある」と言われ、舞い上がった。そしてますます「能力」に執着するようになった。できる社員でなければならない、知識を高めなければならない、という自分の衝動は報われると確信してしまったからだ。

出世街道をひた進み、「最優秀業績賞」を何度も勝ち取った。だが、同僚はそんな彼女のことを、自分のやり方に固執しすぎていると見ていた。「彼女の仕事は手法を守ること」と陰で囁かれたりもした。実際、同僚たちがクライアントのニーズに合わせて調整する道を探るときも、アンナは自分のアプローチを頑として曲げなかった。

30代になる頃には、専門分野でキャリアをしっかりと確立し、自信も深まり、望むことは何でもできる力も手にしていた。しかし、社内での人間関係は良好とはいえず、限られた友人としかつきあわず、チーム内の交流もかなり制限していた。つきあいにくい人間として、周囲からは距離を置かれるようになっていた。

そんなアンナへの警鐘となったのは、上司を評価する社内アンケートだ。部下はアンナの能力を100%認める一方で、「ともに働くのは楽しくない」と答えていたのである。成長させてもらえない、失敗を許容されない、貢献する余地もない。上司であるアンナが有能で常にその場を統制し、実際に何でも見事にこなすので、自分の意見など価値がない、と部下たちは考えていた。「この上司のために働きたい」というモチベーションが皆無だったのだ。

アンナは当時を振り返って、こう語っている。

「私のチームは、私の『すべて知っている』というアプローチの、いわば犠牲者でした」

しかし部下からのフィードバックを読んだとき、アンナはまず激しく動揺した。「自分の能力には強い自信がありました。むしろ、それがリーダーとしてあるべき最高の姿だと思っていました。『私が部下だったら、私のような有能で公平な上司が欲しいと思うのに！』と感じました。『これがやるべきことです』と明確に部下に示すことで、私の自信を彼らに分けてあげていたつもりでした」

今のアンナは、そういった接し方が彼らを不安にさせていた、とわかっている。「上司だけがすべてを把握し、部下は何も知らない立場に置かれたら、虚しくなり、やる気をそがれるのは当然です。私は組織を変革したかったのですが、実際には、私自身の行動が変革の足を引っ張っていたんです」

自分はすべてを「知っている」という姿勢で、すべてを部下に指示するやり方は、部下に自信をもたせるどころかむしろ喪失させていた。アンナはこの経験を経て、不安を抱えている相手との対話は歪みやすいことを学んだという。

「難しいことに取り組むとき、人は相手を子ども扱いしやすいのです。『私がやり方を教えてあげるから、あなたは考えなくていいのよ、いいわね』と。それが相手を助けることになると考えるのです。私も、よかれと思ってそうしていました」

しかし、実はアンナが**知らない**ということを恐れていたからこそ、不安に対抗する唯一の方法として、「私が教えてあげます」というアプローチをとっていたのだ。彼女自身、「答えを知っていなければならない」というプレッシャーにつぶされていたのである。

アンナの例からもわかるように、**知識がありすぎるがゆえに進歩できないという、逆説的な状況が起きることがある。**リーダーがすべての知を振りかざそうとすると、周囲は疲弊する。不安をかきたてられ、意欲もくじける。知っている人の知識と専門性に依存して、自分の学びと成長にブレーキをかける。つまり知を振りかざすリーダーは、チームを破綻させかねないのだ。

リーダーの立場から考えてみよう。仕事にプレッシャーを感じ、期待や要求を背負わされることによって、知の幻想が生まれる。不確実なことに対する耐性が低くなり、たとえ何にも思いつかないときでも、さぞわかっているかのように話す技術ばかりを磨いてしまう。知識を求められ頼られているうちに、自分がしていることは自分ですべて承知と思いこむ幻想に陥っていくのである。

2

確信とバイアスの問題

独断主義と懐疑主義は、どちらも本質として、絶対論だ。片方は「自分はわかっている」と確信し、他方は「わかりえない」と確信している。だが、知であれ無知であれ、確信こそ、哲学が退けなければならないものだ。

バートランド・ラッセル（哲学者）

ダイアナ元王妃の事故死のニュースを初めて聞いたのがいつ、どこでだったか、あなたは覚えているだろうか。あるいはニューヨークの貿易センタービルに飛行機が突っ込んだとき、あなたは何をしていたか。ショッキングな事件は人の記憶に永久に刻まれる可能性が高いが、しかし、その記憶は時を経てもどれだけ一貫性をもって正確に保たれるものだろうか。私たちはどれだけ確信をもっていられるのだろう？

こうした記憶は「**フラッシュバルブ記憶**」と呼ばれる。１９７７年に心理学者ロジャー・ブラウンとジェームズ・クーリックが考案した用語だ。ドラマチックな出来事は人間の心理に重大な意味をもつため、細部まで鮮明かつ正確に、写真のように、記憶に刻まれる。日常生活でも、「昨日のことのように思い出せる」と言ってしまう思い出があるとすれば、それはフラッシュバルブ記憶である可能性が高い。

しかし興味深いのは、記憶の信用性（時間が経てば経つほど記憶は劣化する）よりも、人がいかに記憶に対して確信をもつかという点だ。同じく心理学者のウルリック・ナイサーは、1986年1月に起きたスペースシャトル「チャレンジャー号」の爆発事故に関連して、ひとつの実験を行なった。まず事故の直後に学生たちの感想を聞き、それから2年半後にもまた感想を聞いて、比較したのである。すると、25％の学生が、のちの調査では事故についてまったく異なる説明をした。さらに驚きだったのは、事故直後の記録を示して説明が矛盾していることを指摘しても、学生たちは、今の（偽りの）記憶が正しいと絶対確信がある、と強く主張したことだった。ある学生など、「確かにそれは僕の筆跡ですが、そうじゃありません」とまで発言した。[33]

専門家は特に、こうしたバイアスにはまりやすい。信じたことを真剣に追究すればするほど、確信したことを手放すのは難しくなるし、自分が間違っていると認めるのは難しくなる。[34] まるで「疑い」が侵入するとすぐに追い出そうとする免疫システムがあるかのようだ。

現代のように、知識に価値が置かれる社会では、「確実性」が重視される。だから自分自身も、話の内容を理解できていると見せること、自信ありげでいること、話題を熟知していること、確信をもって話すことを重視する。そうしていれば有能に見えるからだ。そして他人を見るときも、確信をもって行動している（ように見える）人のことは疑おうともしない。

2004年9月30日、ジョージ・W・ブッシュ大統領とジョン・ケリー議員による第1回大統領候補討論会において、ブッシュは、ケリーがイラク戦争に関する立場を変えたことについて非難し、こう発言した。

「私はこの世界がどう回っているか知っている。合衆国大統領は、確信をもって政治をめぐる話し合いを進めなければならない。必要とあれば戦術は変更するが、信念は決して変更しない——世界の中でこの国を守るために必要な戦略的信念は」[35]

ケリー議員はこれに対する返答で、「確信」が足をすくう可能性を指摘している。事実を認め、それに応じて政策を修正するほうが得策である、と。[36] 結局はブッシュが再選された。だが、大量破壊兵器がそこにあるという想定に基づき、彼がイラク戦争の開戦を宣言したのも、自分の主張の確実性と説得力を示したいという希求があったからだ。

人目にさらされる政治家には逃げ場がない。オーストラリアの若き女性政治家ニコール・レシオは、2013年9月7日、労働党議員に立候補し、政治家がさらされるプレッシャーの重さを思い知った。

「メディアで笑いものになってはいけないし、自分や家族を辱めることがあってはなりません。もちろん党に泥を塗ることがあってはなりません。だからこそ、知識があると思い込んだり、知識があるふりをしたりするのは、とてもリスキーなのです。とりわけメディアは、事実誤認があろうものなら鬼の首をとったように叩きます。たくさんインタビューを受けましたが、どのジャーナリストも、事実や数字について私にぼろを出させようとご熱心でした」

レシオが議席を争う相手は現役議員だ。水も漏らさず脇を固めることに人生を投じてきている。それに対して政治素人の挑戦者であったレシオがあてにできたのは、党本部から毎日の動向について知らせてくる短い「デイリー・ブリーフィング」のメールのみ。それ以外にあるのは彼女自身の一般知識と、自分が知っている政治分野の専門知識。あとは、心もとない未知の領域だ。

「メディアや世間は、政治家に『市井《しせい》の人』であることを望みます。政治家という稼業への嫌悪感があるからです。しかし同時に、あらゆる政治要綱の細部の細部に至るまで、すべて熟知していることも期待します。奇妙なパラドックスなんです」

公開討論会で投げかけられた質問に対し、レシオは「その点については、私は完全には理解していません。詳しく教えていただき、質問をもち帰って、再度返答させてもらえますか」と答えたことがある。討論に参加したほかの候補者は、知っていなければならないという強烈なプレッシャーを感じ、わかっているふりをしている、とレシオには感じられた。

「間違った情報で丸め込まれて満足している有権者もいました。明らかな間違いを冷笑する有権者もいました。大勢の有権者が討論の進行を撮影していたので、私がそんなミスを犯そうものなら、たちまちマスコミがあげつらって報道したでしょう」

政治家にかけられる期待は拘束衣と同じだ。考えを変更することなどできない。「鉄の女は転換せず」という断言でも有名なイギリスの元首相マーガレット・サッチャーは、いかなる形でも弱さを示唆することを拒んだ人物だった。一方で元オーストラリア首相ケビン・ラッドは、2013年5月30日、公式ブログの投稿で、結婚の平等について意見を変える宣言をしている。レシオがこれを称賛し、フェイスブックに投稿したところ、多くのメッセージが寄せられた。ほとんどは賛同するものだったが、一部には、ラッド首相の翻意に嫌悪感を示す意見もあった。

レシオが語った話は、私たちの多くが直面するダブル・スタンダードの膠着状態を浮き上がらせている。周囲から要求される確実さに応えつつも、疑う心をなくさず、自分の知に限界があることを正直に受け入れるためには、私たちはいったいどうすればいいのだろうか。

ARE
YOU
AWARE
OF
THE
SHADOW
YOUR
KNOWLEDGE
CASTS
ON
PEOPLE
AROUND
YOU?

自分の知識が、周囲の目をふさぐ
影となっていることに、気づいているか

3 期待という重圧

バース大学の組織理論学教授イアンニス・ガブリエルが行なった研究は、**責任者に全知全能たることを望む私たちの期待感が、幼少期の体験によって形成される**ことを明らかにしている。

私たちが人生で初めて触れる全知全能の存在は、親もしくは保護者だ。子どもの人生は親を宇宙の中心としてスタートする。完全に無力で生まれる私たちは、食べ物、住まい、そして愛情を与えてくれる親に頼り切りだ。初めて歩くときもおそらくそばに親がいる。転んだときには助け起こし、周囲の世界へと目を向けさせ、わからない事柄や状況には光を示し、困ったときには慰める。子どもの目から見て、親はあらゆることを知りつくした専門家だ。

私たちは、親が失敗や間違いを犯したときの記憶を忘れられずにいる一方で、親は完璧で全能であるという幻想も胸に抱いたまま、社会に出ていく。それが上司との関係にも影響をおよぼす。

私たちは「偉い人」を求める習慣が小さいころからしみついているのだ。何か問題に直面したとき、それを解決できる誰かがそばにいてくれると信じたいのである。実はそんな期待は叶わないと経験から学んでいても、期待して失望を味わっていたとしても、それでも誰かが手を貸してくれる、救ってくれると思いたいのである。

大手企業ＩＴ部のプロジェクトマネジャーが、上司との関係について語った話を聞こう。

「私は何かあればすぐに上司にアドバイスを求めます。いつでも時間を作ってくれるので、心から感謝しています。この部署で働きはじめた頃、ずいぶん目をかけてもらいました。一緒にランチを食べながら仕事について話し合うこともたびたびありました。当時の私には学ぶことがたくさんありましたし、周囲からの期待も大きかったのです。

新しいテクノロジープラットフォームの導入を進めていたので、誰もがストレスを感じていました。でも上司はすべてを掌握していて、自信に満ちた態度で私たちを安心させてくれました。私たちのミスで進行が遅れたこともありましたが、そのときも上司の指示のもと、挽回できました。どんな問題も、上司は必ず解決できるんです。できないことはありません。私は彼女から本当に多くを学んでいます！」

自分が確信をもてないとき、つまり**自分の中に不確実性を見るときほど、人は責任者への依存傾向を強める**。上司が正解を出し、大丈夫だと安心させてくれると期待する。ものを知っているという理由で、私たちは他人に従う。コンサルタントに頼るのは、こちらが知らないことを知っているからだ。

逆に言うと、上に立つ者には重圧がかかる。上司はチームの問題をすべて解決できるだろうか。するべきことを常に心得ているのだろうか。いや、その可能性は低い。別のシニアマネジャーが、こう語っている。

「リーダーやプロは答えを知っていなければ、という義務感のようなものを感じます。知っているはずだろう、という周囲からの期待を感じます。そのためにここにいるんじゃないのか、と言われている気がするのです」

こんな重いものを背負わされると、人はつい早急に解決策を示したい衝動に駆られる。それで周囲を短期的には救うかもしれないが、長期的に見れば、部下の本当の進歩を阻んでいる。期待が高すぎると、ときに自分自身に対して、そして人に対して不誠実さを招くのだ。

A T O N S

EXPECT

4 知っているふり

どんな立場でも、どんな肩書きでも、人はものを知っているふりをしたがる。他人に失望されるくらいなら、偽りの知識を示すほうがマシだと感じるからだ。自分が無能に見えたり、他人の信頼を失ったりするのは耐えられないのだ。

ナッシュ・ケイ（仮名）の場合もそうだった。レバノンのテレビ制作スタジオで、コマーシャル部の営業サブリーダーとなった彼は、能力を示さなければならない立場でありながら、それができないために上司との関係もうまく築けずにいた。

ナッシュの上司、ピーターは60歳。１００万ドル単位の契約を何件も同時進行させ、評判と権力を高めながら、部署全体を新たなレベルへと引き上げてきた立役者である。押しの強い性格だった。極端な秘密主義者で、周囲には必要最低限の情報しか知らせない。それでいて無能な者、答えを知らない者をさげすんだ。だが、彼自身、きちんと答えを知っていることのほうが少なかった。

ある日、このピーターがナッシュのオフィスに猛然と入ってきた。

「能力のあるやつはいないか？　分析能力が高く、ビジネスの勘が鋭く、コンサルタントの頭をもったやつ。おまえはどうだ？」

ナッシュの心臓が高鳴る。右目のまぶたがひきつった。ピーターが挙げた要件など満たしていない。分析能力もないし、コンサルティングの経験もない。

「聞こえないのか」とピーターが繰り返す。ナッシュは必死に冷静さをかきあつめ、判断力を失うまいとしながら、答えた。「はい、私はその素質をすべて備えています」。するとピーターは間髪いれずに「よろしい、では2時に会議室で」と言い捨て、竜巻のようにオフィスを去って行った。

「そうです。嘘をつきました」と、このときのことを振り返ってナッシュは語っている。

「嘘をついたどころか、上司や部署に泥を塗るかもしれないことをしたんです。どうしてそんなことをしたのかわかりません。強烈な性格の上司に委縮したんでしょうか、自分の職を守ろうとしたんでしょうか。ピーターのような人物からの要望を断ることは自殺行為にほかならない、という思いもありました。あるいは、もしかしたら、おもしろそうな挑戦だと思ったのかもしれない。うまくいけばこれで出世できると思って、賭けたのかも。たぶん、どっちの思いも少しずつあったんだと思います」

自分の能力を偽って上司に申告したナッシュは、結果、さんざんな目に遭った。何週間も奴隷のように働かされ、財務やら、損益分岐点分析やら、まったくなじみのなかったビジネス分野を勉強させられた。会議の内容についていこうと必死に努力したが、ほとんどがちんぷんかんぷん。ピーターが不審の念を抱いていることも気づいていた。3時間しか睡眠時間が確保できない日が続き、ついに退職を考えるようになった――プレッシャーから逃れる、ただそれだけのために。3カ月が経つ頃から、何とか能力を発揮できるようになり、結果的には期待されていた高い成果も出せた。とはいえ、ナッシュの心身の健康におよんだ代償は大きかった。

何らかのジレンマや難問、直面したことのないシチュエーションにぶつかると、人は選択肢が見えなくなる。そして自分の知識の欠落部分を覆い隠したくなる。知識があるとうそぶくか、あるいは既存の知識にしがみつくか、どちらかに走るのだ。ナッシュのように、知っているふりをしたことで結果的に新たな能力を伸ばせる場合もあるが、たいていは欠落部分がばれて、余計に困った立場に立たされるのである。

5 権威に対する盲目的な服従

何事も、師や先達の権威のみを根拠に信じてはならない。何世代も受け継がれてきたからという理由だけで、伝統を信じてはならない。

仏陀

2010年4月にロシアのスモレンスクで起きたポーランド空軍機の墜落事故は、ロシアとポーランド両国にとって国家的な悲劇だった。双方とも喪に服すと宣言したものの、事故の正確な原因や非難すべき対象については、今日でも見解が割れている。照明が不十分だった、ロシアの管制塔の情報が誤っていた、パイロットの人為的ミスだった、滑走路近くの樹木が伐採されていなかった、そもそも着陸地点が不適切だった……さまざまな原因が議論されている。

この事故についてロシア側が示したレポートは興味深い。ポーランド人の操縦士たちが、搭乗していた同国大統領レフ・カチンスキーの不興を買うことを恐れるあまり、悪天候への警戒を怠ったというのだ。事故調査にあたったモスクワ州際航空委員会（ＭＡＫ）のタチアナ・アノディナ委員長は、二人の操縦士が「不合理なリスク」[37]をとらされたと指摘している。フライト中、操縦士は到着空港付近の天候について再三連絡を受けていたにもかかわらず、針路を変更し別の着陸先を選ぶことができなかった。別の空港を選べばカチンスキー大統領から「否定的な反応」があると恐れたのではないか、という見解だ。

当該機のフライトレコーダーには、操縦士の「きっと怒り狂うぞ」と言う声が録音されていた。予定変更を認めない大統領を指した言葉だったようだ。さらに、ポーランド空軍司令官アンジェイ・ブラシクが操縦室に入り、プレッシャーを与えていたこともわかっている。

「機体が墜落するまで、操縦室にはポーランド空軍司令官がいました。彼の存在が操縦士に心理的なプレッシャーを与え、不合理なリスクを伴った状況で下降を続けさせたのです。いかなる代償があろうと着陸しなくてはならない、と頭がいっぱいになっていたのです」

ロシア側が解明した事故原因が真実かどうかは別としても、この見解は、**権威への服従を強いるプレッシャーの危険性**を語っている。たとえ権威者本人と直接的に知り合いではなくても、あるいは目の前にすらいなくても、こうした圧迫が生じることがあるのだ。

権威に対して服従していれば、**知らない**という不安や苦しみを感じなくてすむ。だが、盲目的に服従することは、正しい判断をする力も、本当の能力を発揮する力も奪う。最悪の場合、それが悲惨な結果を招きかねないのである。

「未知のもの」の急成長

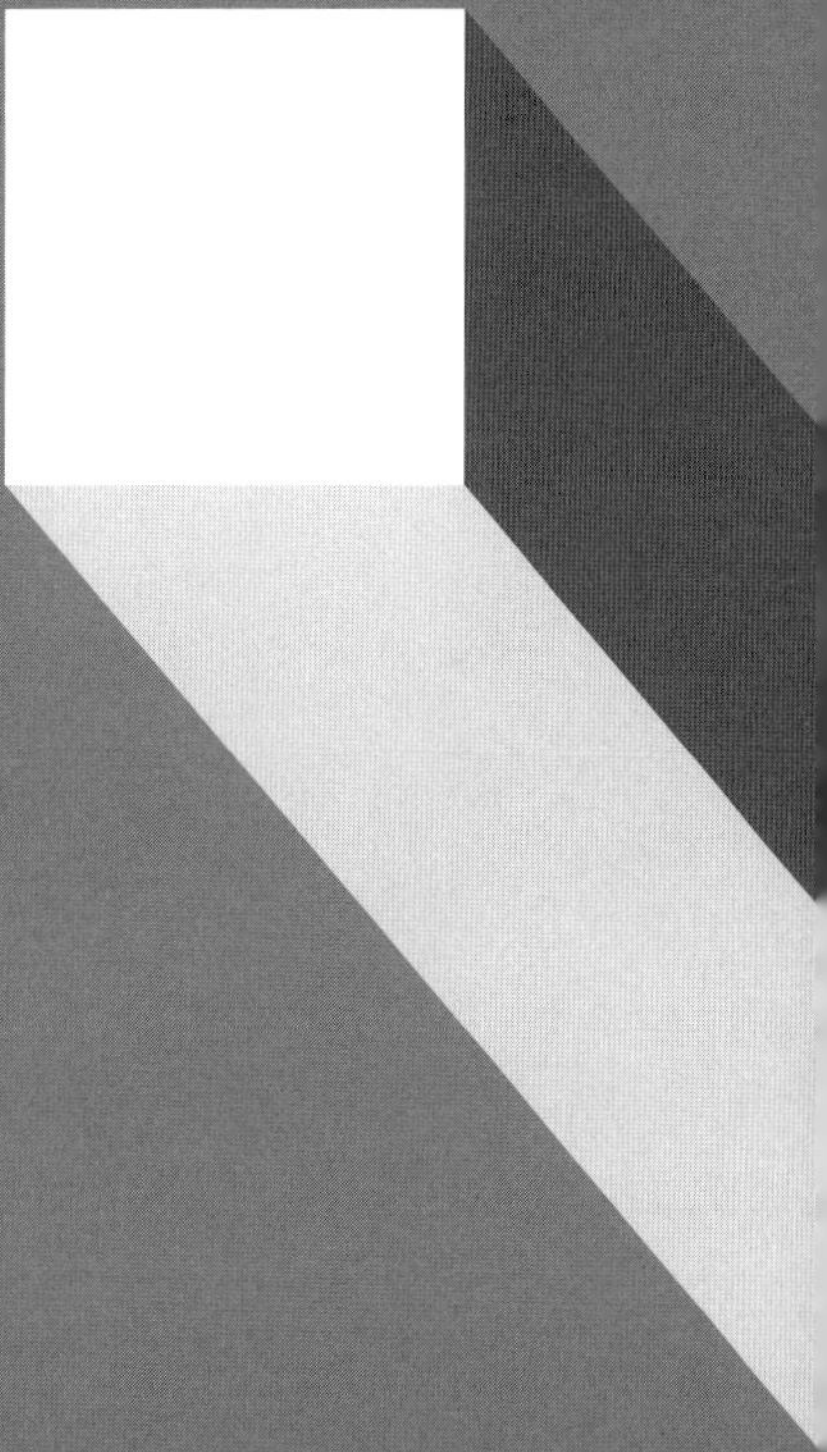

CHAPTER 3

"KNOWLEDGE IS LIKE A SPHERE. THE GREATER ITS VOLUME, THE LARGER ITS CONTACT WITH THE UNKNOWN"

知とは球体である。
大きくなればなるほど、未知との接線も伸びる。

17th-century mathematician, Blaise Pascal

ブレーズ・パスカル（17世紀の数学者、哲学者）

1 「知っていること」は常に変化する

急速に変化する世界を理解するために、私たちは往々にして既存の知識に頼る――その知識はすでに有効でも正確でもないかもしれないのに。

世界はすさまじいスピードで変化しているが、私たちの脳内では、世界に対する認識や事実は静止したままだ。

2013年5月、スウェーデン人の公衆衛生学者ハンス・ロスリングが、1000人のイギリス人を対象に人口成長に関するテストを実施した。被験者には次のような問いを与えている。

「国連の専門家は、2100年の子どもの数を何人と見積もっているか」

「現在、世界の成人の識字率（読み書きができる割合）は何%か」

「現在の世界全体の平均寿命は？」

衝撃的なことに、大学教育を受けた被験者の正答率は世間一般の正答率と何ら変わりなく、むしろ劣る場合もあった。ロスリングの同僚の大学教授でさえ、何人かは惨憺たる結果だった。

この研究は、世界の現実を知らしめると同時に、人は世界の変化に対していかに無関心であるか浮き彫りにしている。そのうえ私たちは何年単位、ときには何十年単位で古くなっている知識に依存している。**世界がかくも急速に変化しているのだから、私たちの知っていること、知っていると思っていることは、どんどん無価値・不正確になっていく一方**なのだ。

知識自体も急速な勢いで進歩する。26ページで紹介したヴェサリウスの例では、人体に関するガレウスの本はなぜ1400年も絶対的真理として生き延びてきたのか。

アメリカ人科学者レイ・カーツワイルは、現在の科学進歩のスピードについて考察している。それによると、20世紀の進歩と同じだけの進歩を現在は14年で進み、その次は7年で進む。**21世紀の進歩は20世紀になしえた進歩より1000倍速い**のだ。同じくカーツワイルの予測によると、15年以内に、アクセス可能な人類の知識はすべてインターネットに掲載される。[38] 知識は加速度的なペースで拡散している。

知識が広がれば広がるほど、自分が知れば知るほど、知らないことは少なくなると私たちは考える。確かに理屈としてはそうだ。問題はこの発想が、「知りうること」という宇宙の広さは固定だ、という想定に基づいている点にある。

2 どんどん「複雑化」「曖昧化」する世界
――猫を木から下ろせるか？

私たちが日々職場や社会で直面する課題は、複雑さを増すばかりだ。実行や解決どころか、はっきり言語化することも難しい漠とした問題も多々ある。

世界は変動的（Volatile）で、不確実（Uncertain）で、複雑（Complex）で、曖昧（Ambiguous）になる一方だ。この頭文字をつなげた「VUCA（ヴカ）」という言葉も生まれている。どれも最近生まれた現象ではないが、これらが渾然一体となった今、私たちが既知に頼ることはより危険になっている。

2013年4月、国際通貨基金（IMF）のワシントンDC本部で、経済政策見直しのための会議が開催された。ノーベル経済学賞受賞者であるジョージ・アカロフが、経済危機を木に登った猫になぞらえて、この領域が直面している複雑な状況をありありと描き出してみせた。

猫を木から下ろす方法を考えなければならない。だがアカロフに言わせれば、誰もが猫を独自の視点で見て、独自のイメージをもっている。どの意見も同じではなく、どの見解にも根拠があるが、**ひとつだけ確かなことは「何をなすべきか、我々はわかっていない」**[39]**という点**である、と。

アカロフとともに会議の進行役を務めたノーベル賞経済学者ジョセフ・スティグリッツは、こう表現した。

「猫が今も木の上にいる理由を説明する十分な経済理論がない」

現代最高の頭脳を誇る経済学者が集まっても、世界的金融危機への対策がわからないばかりか、ＩＭＦチーフエコノミストのオリヴィエ・ブランチャードが認めるとおり「将来はこうなるべき、という共通ビジョンもない」[40]のである。

現代の世界金融情勢を語る経済学者たちの言説は、過去の金融危機の描写に使われてきた言葉とは驚くほどに異なっている。かつては明確ではっきりした言葉が使われてきたが、今は疑問を提示する慎重な表現になった。この傾向こそ、状況の複雑さ、そして行き先の不透明感を浮き彫りにしている。

ブランチャードは言う。「我々は目の前を頼りに進んでいる。最終的な目的地はいまだにわからない」[41]。

だが、最終目的地がわかるという考え方は、そもそも誤った推論だ。状況が複雑さを増せば、どこへゆきつくか、どんな結果になるか、把握するのは困難になるばかりだ。それほど世界は変動要素が多すぎる。不確実性と曖昧性が高すぎる。予見できない出来事が多すぎるのだ。

心理学者ダニエル・カーネマンは述べている。

「今になって大勢が、金融危機が訪れるのはわかっていた、と言う。それは真実ではない。危機後の我々は『理由はわかっている』と自分に言い聞かせながら、世界は理解可能なものだという幻想を守っているのだ。だがむしろ、**世界はほぼ常に理解不可解なものだ、と認めるべきではないか**[42]」

現代の企業組織が生き延びるには計画策定と戦略が欠かせない。だが、そのせいで、最終目的地へ安全に到着する方法を見つけられる、という幻想が助長されているのだ。

ほとんど未知の領域を地図にしても、それは、まったく地図をもたずに踏み込むのと大差はない。

3 煩雑 ― 複合 ― 混沌

2002年2月、アメリカ国防総省がイラクにおける大量破壊兵器の証拠不在について説明したとき、当時の国防長官ドナルド・ラムズフェルドが、例の有名な台詞を放った。

「既知の既知というものがある。我々が知っていると我々が知っている物事だ。一方、既知の未知というものがある。我々が知らないということを我々が知っている物事のことだ。だが、それ以外にも、未知の未知というものがある。我々が知らないことを我々が知らない物事だ」

ドライな軍事関連報告を背景とした、この禅問答めいた台詞は、シュールすぎて一種の流行語として定着したばかりか、2003年の「やさしい英語を話そうキャンペーン」でラムズフェルドが「もごもご賞（Foot in Mouth Award）」に選ばれるに至った。

だがこの台詞は、私たちが現代世界において直面している課題をとても正確に描写している。

複雑系の性質と、本質的な不確実性を整理したウェールズ出身の学者デイヴィッド・スノウドンの「クネビン（カネヴィン）・フレームワーク」を紹介したい。スノウドンは問題というものを4つの領域に区別して表現している。[43] **単純系、煩雑系、複合系、混沌系**だ。

単純系 「既知の既知」の領域。 なじみがあり、確実で、 よく実行している	例 ・通勤ルート ・チョコレートケーキのつくり方
煩雑系 「既知の未知」の領域。 秩序があり、予測・予見可能で、 専門家なら知っている	例 ・現状の決算規則の適用方法 ・超大型タンカーの建造方法 ・組織の再編方法
複合系 「未知の未知」の領域。流動的で 予測不可能であり、正解が 存在しない。パターンは創発する。 相反するさまざまな意見がある	例 ・10代のしつけ ・新市場のための新商品開発 ・世界経済の予測 ・アパルトヘイト後の和解 ・社会的隔差の解決
混沌系 「不可知の未知」の領域。 きわめて混乱していて パターンがない	例 ・2001年9月11日の出来事 ・大規模な山火事

スノウドンはメアリー・ブーンとの共著論文で、煩雑的に複雑なものと複合的に複雑なものの違いを、フェラーリとブラジル熱帯雨林との比較で説明している。

フェラーリは込み入ったマシンだ。可動部品の数は多いものの、それぞれの部品自体は変化することがない。一般人には不可能だが、専門のメカニックなら一定時間内にフェラーリを分解してまた組み立てることもできるだろう。それとは対照的に、熱帯雨林は固定部品でできているわけではない。空を覆い尽くす木々、気候、動物と昆虫、さらに広い意味での生態系と人間社会システムが相互に作用し、その相互作用が常に流動している。全体は部品の寄せ集め以上のものだ。秩序があり予測可能なフェラーリは煩雑な問題だが、予測ができず、創発している熱帯雨林は、複合的な問題である。[44]

私たちは「既知の既知」の問題ではつまずかない。知っていることに対処するのは得意だからだ。解決策もわかりきっている。

問題が「既知の未知」である場合も大丈夫だ。解決策は最終的に見つけられるだろうし、最高の知識をもった人がいれば、きっと問題を整理してくれる。問題がわかっているのだから、専門知識を応用して解決すればいいし、自分に専門知識がなければ心得ている人を探せばいい。

「科学的管理法の父」と言われるフレデリック・テイラーは、管理者が問題を解決する方法として、対象を分析し、分解し、段階的に改善するやり方を提唱した。組織を機械のようにとら

WE LIVE IN VUCA

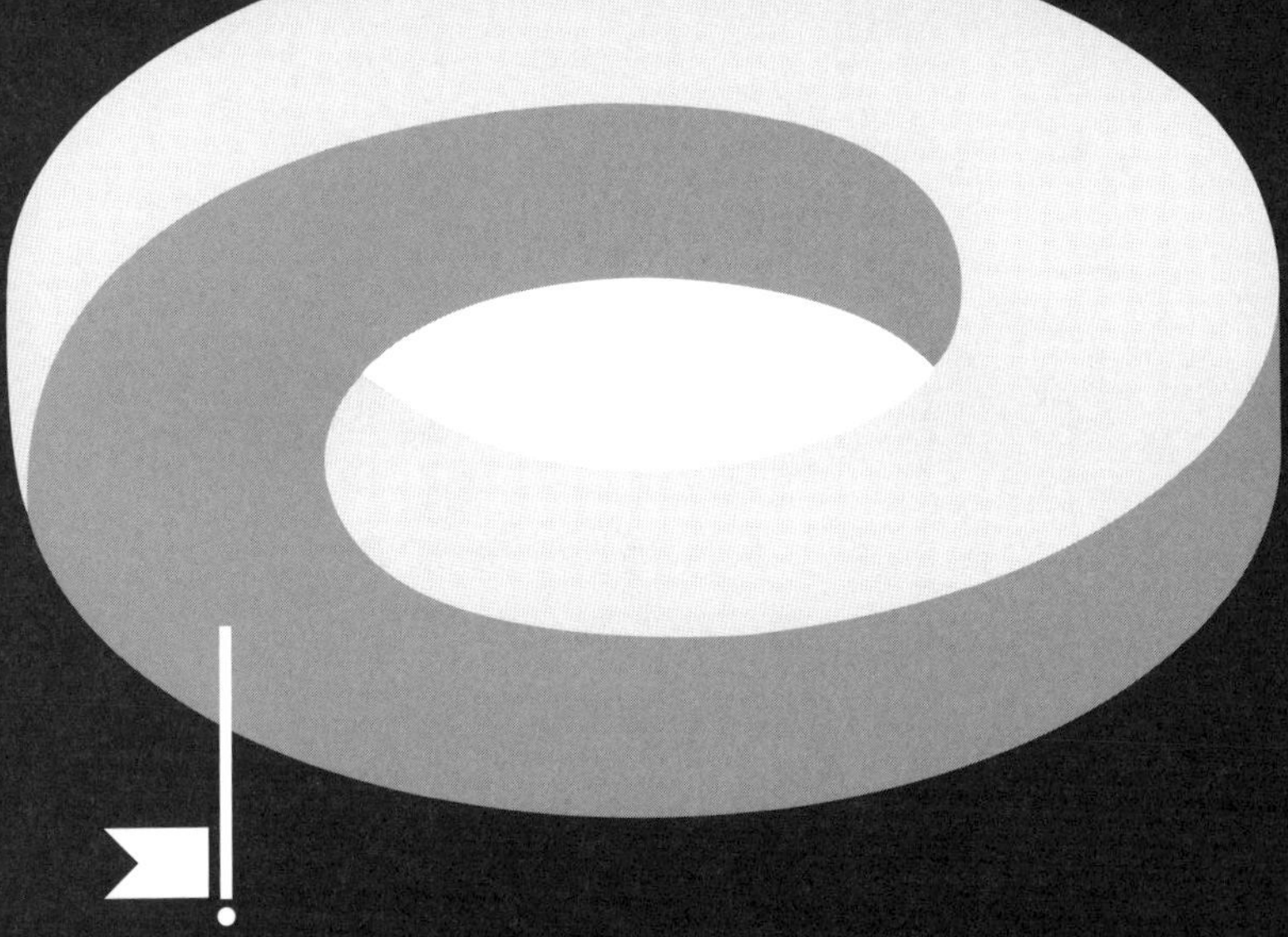

えるこの還元主義的思考は、現在でも比喩表現としてよく使われる――「組織のこの部分を修理する必要があるな」といった具合に。

テイラー主義から派生した従来型のリーダーシップ論は、専門家は問題を解決できる、リーダーは答えを知っている、と示唆している。だが、これは「未知の未知」の領域においては効果をもたない。20世紀の指揮統制型アプローチは、効率、論理、迅速な意思決定、競争能力に重きを置いていたが、これは単純な問題か煩雑な問題に取り組むときだけに有効なのだ。残念ながら、複合的な状況においてはまったく無力である。複合的な問題は予想がつかず、一貫性がなく、解釈もできないものだからだ。

問題や疑問の答えを出すどころか、「問題や疑問が何であるか」をつきとめるのも、十分に難しいことなのである。

ウィンストン・チャーチルは１９３９年10月のラジオ放送で、第二次世界大戦中のロシアへの対応について、こう語った。

「ロシアの行動を国民のみなさんに予言することはできない。それは謎の中の謎に包まれた謎だ」

それに適応することは不可能ではないが、本質として複合的な課題。チャーチルはそうした知を見事に表現している。

KNOWLEDGE INCREASES

4
複雑なものとどう向き合うか

複雑な問題には、必ず、明確で、単純で、間違った答えがある。

ヘンリー・ルイス・メンケン（ジャーナリスト）

ハーバード大学ケネディスクールのアダプティブ・リーダーシップ・コースで教えるマーティ・リンスキーとロナルド・ハイフェッツは、リーダーが犯す重大な失策として、複雑な試練における複合的な部分（二人は「**適応して立ち向かうべき部分**」と呼ぶ）と煩雑な部分（「**技術的な部分**」）を取り違える点を挙げている。

人間は物事を技術的に考えることに慣れていて、しなやかに適応すべき部分を見逃す。そしてつい万能薬――問題を一気に解決する簡単な答えを求めてしまう。

こうした「その場しのぎの解決」は、組織の至るところで日常的に見られる。昨今の傾向として、望ましくない結果が出たらすぐに大々的な組織再編を図ったり、組織トップの人間を更迭したりするのも、そうした簡易措置だ。

典型例が、何らかの不祥事が起きた組織で行なわれる拙速なCEOまたはリーダーの交代である。CEOたちは彼らの制御下になかったこと、あるいは彼らの知りうる範囲になかったことでも責任をとらされる場合が少なくない。フォーチュン500に選ばれる企業の平均的CEO在任期間はわずか4・6年だ。あまりにもあっけなく終わるのだから、組織や社風に長期的変化を築けるわけもない。

個人でも同様。不安を感じたり、不確実なことに対してストレスを抱えていたりすると、脳はつい昔ながらのやり方を選ぶ。神経科学者スリニ・ピレイが指摘したとおり、私たちは習慣に回帰するようにできているからだ。[45]

複雑な問題に手っ取り早い解決で臨めば、一時的なソリューションとはなるが、それで問題にしっかり向き合えるとは限らない。むしろ問題を助長させ、あるいは悪化させ、同じことが何度も繰り返されていく。

複合的に複雑な状況では、行動がもたらす効果は予測できないのだ。結果も、事前に完全に見通しておくことはできない。

1920年代、アメリカ政府は禁酒法を制定し、全国的に酒類の販売を禁じた。国民生活に害をなすと見られたアルコールの負の影響を根絶しようという試みだ。これにはアルコール消費量を引き下げ、飲酒は許容されざる行為であるという認識を広める意図があった。

禁酒法が施行されていたあいだ、アルコール消費量は確かに半減したが、組織的犯罪集団と非合法なアルコール産業の広がりを生み出すという、意図せぬ結果を招いた。組織的犯罪集団は、アルコールへの嗜好が消えたわけではないという事実を逆手にとって、密造酒を供給した。人体に有害な酒もあった。非合法のアルコール産業が成長し、犯罪集団が増長して、汚職や法の軽視につながった。

一方で小規模のアルコール業者はことごとく倒産に追いやられ、生まれつつあったワイン産業も破壊された。大酒飲みやアルコール依存症患者はサポートグループを見つけられず、適切な支援が受けられるようになったのは、禁酒法が撤廃された1933年になってからのこと。アルコール依存症更生会（アルコホリック・アノニマス）が設立されたのも1935年だ。また、禁酒法時代以前は女性が公共の場で飲酒することは社会的に受け入れられない行為と見られていたが、禁酒法が撤廃され、新しい自由が生まれたことで、男女両方に酒を提供する店も珍しくなくなった。

複雑な社会問題を解決するために法が制定されたにもかかわらず、それによって意図せざる結果、法制定のねらいから見てプラスとはいえない影響が多く生じる。禁酒法の経緯が例証しているこの現象については、アメリカ人の社会学者ロバート・マートンが理論を打ち立てている。**小さくて重大ではない変化が、意図していなかった、はるかに範囲の広い、そして破壊的猛威をも振るいかねない結果につながる場合があるのだ。**

私たちは予測外のことを予測しないだけでなく、目の前の行動や日常的な行動における自己の制御能力を過大評価する傾向がある。ハーバード大学の心理学者エレン・ランガーの表現を借りれば、**「コントロールの幻想」**を思っているのだ。[46]

ランガーの研究によれば、私たちは往々にして、自分が制御できない状況を制御する力が自分にはあると思い込む。車の運転席に座っていれば――同乗者としてではなく――自動車事故は起こらないという自信をもつ。スキルがかかわると思う作業をするときは、自分に状況をコントロールする能力があるかのように振る舞いやすい。たとえばギャンブルをする人は、ゲームに勝つのは自分の器用さが一因だと考える――実際には勝率とスキルとはまったく関係ないとしても。ランガーの調査では、自分は市場を読む力があると思って取引をする人間ほど、実際には成績が悪かった。

既存の知識に寄りかかっていてはだめなのだ。だが、だとすれば、未知と直面せざるを得ない場面では、どんなことが起きるだろうか。

PART 2
境　界

既知と未知の境界

CHAPTER 4

1　フィニステレ岬に到着して

スペインのフィニステレ岬。聖ヤコブの聖堂へ至る「サンディアゴ・デ・コンポステーラの巡礼路」は、たいていここが最終目的地となる。巡礼者ははるばる90㎞も歩いた末に岬に到着するのだ。険しい崖の下に広がる大西洋は、中世には「マーレ・テネブロスム（暗い海）」と呼ばれていた。半島そのものが美しく壮大。ラテン語で「世界の果て」を意味する「フィニス・テラエ」という名はまさにふさわしい。

フィニステレ岬は、「既知」の終わり、慣れ親しんだものの終わりの地だ。そして、未知が始まる先端である。私たちがくつろいでいる今の現実と、異質で、いまだ語られず、いまだ発見されず、もしかしたら発見すること自体が叶わない世界とを区切っている。

岬に立つ私たちの背後にあるのは、しっかりした大地。私たちをここまで運んできた知識だ。だが目の前に広がるのは、そこに何があるのかわからない広大な海である。予測できず、コントロールもできない。そこに立っていると、徐々に霧がかかりはじめ、周囲を見渡すことも難しくなる。景色は見知ったものではなくなり、道を示す標識も地図も見当たらない。

ローマ時代に描かれた世界地図は未完成で、空白の部分があった。未開拓の広大な領域があることを示しつつ、そこを目指す者にリスクや危険を警告するために、「竜の棲み家（Here be dragons）」と書き添えられていた。

地図に残された空白の領域のように、既知が終わる境界線の向こうには、発見されるのを待っている世界がある。それを砂だらけの不毛の地と見る者もいるかもしれない。沼地や氷海と見る者もいるかもしれない。どの比喩を採用するか、どんなイメージを思い浮かべるか、それは私たち自身が紡ぐ物語や体験しだいだ。そこは苛酷で荒涼とした地、強い衝動や反応を引き起こす見知らぬ土地かもしれないが、一方で、少なからず胸を躍らせる場所である可能性も否定はできない。

フィニステレ岬は一度たどりつけば終わり、という場所ではない。私たちは何度もその先端にさしかかる。自分の限界と可能性、その両方と相対する体験を繰り返す。愛する者が不治の病と診断されたとき、恋に落ちたとき、新しい仕事を始めたとき、難解なことにチャレンジするとき、組織を率いて新しい市場に乗り込むとき――私たちはさまざまな局面で岬の先端に立つ。破壊、危機、急激な変化、失敗に直面したり、大切にしてきたものを失ったりして、不本意にも岬に立たされることもある。

何度経験しても、岬にぶつかる瞬間へ完璧に備えておくことはできない。岬はそのたびに異なり、そのたびに新しい体験となるからだ。居心地のいい安全圏を離れれば、複雑で相反するさまざまな感情がわきおこる。ためらいと逃走願望。興奮と不安。恥ずかしく心もとない思い。たいていは岬に立つという行為自体にうまく反応できない。狡猾な脳は、ありとあらゆる小細工を仕掛けて、私たちを安全な大地につなぎとめようとする。私たちは危険な崖から後戻りすることばかりに必死になって、岬でなければ出会えない学びを見逃してしまうのだ。

岬にどう立ち向かうか――踏みとどまることを選ぶのか、背を向けて逃げ出すのか――その行動が、未知とのつきあい方を決める。未知が恐怖の塊となるのか、それとも可能性の宝庫となるのか、ここで決定されるのだ。

岬、つまり既知と未知との境界線は、未知との関係性の「これから」を決める分岐点なのである。

2 「未知のもの」を避ける

未知に触れることほど、人が恐れるものはない。その先に何があるのか知りたがり、理解するか、せめて分類したいという衝動に駆られる。人はいつでも、見慣れぬものとの接触を避けたがる。

エリアス・カネッティ（作家）

＊＊＊

《著者の一人、ダイアナ・レナーの体験から》

「どこから始めるべきですか」

ある大手非営利団体の主要チームを前に、私はそう問いかけました。20組の目がこちらを見返します。質問に裏の意味はありません。リーダーシップ開発プログラムの冒頭で、私はよくこの質問を投げかけます。先が見えないシチュエーションで、私のような人間、つまり権威者の立場にある者にかけられた期待を引き剥がすのがねらいです。期待をするのはごく自然なことですが、それは人が自分で学び成長しようとするのを邪魔します。私は、この質問によってグループを、未知と対峙せざるを得ない境界線へと引き出すのです。

「それを私たちに聞くんですか？　答えはあなたがご存じでしょう。あなたが運営するプログラムなんですから」

そう言われても、私は何も言わず室内を見渡します。前列にいる女性が「最初から始めてください」と言いますが、私はやはり黙ったまま、腰を下ろしています。「逆に結論から始めるのはどうでしょうか」と、別の声。意見はそこから急に活発になります。

「合理的だと思うところから」

「まずはテーマを提示してください。これから数日間、何に取り組むのかわかっていなかったら、始められるわけがないでしょう」

「そもそもねらいははっきりしているんですか」

「全員を一巡して、みんなの意見を聞いたらどうでしょう」

「それで意味があるんですか？」

「どうやって判断するんです？」

私はまだ黙っています。みなが苛立ちはじめるのを感じます。椅子に座ったままもぞもぞする人もいれば、私が何かをするのを待ってじっとこちらを見ている人もいます。若い女性が

「私たちに何を求めているんです?」と、業を煮やした声で言いました。私はようやく答えます――「それよりも、みなさんは私に何を求めているのでしょうか」。

こうしたプログラムで、私は室内の前方に立つ人間に期待されるような、よくある役割は担いません。作業を指示したり、明確な方向性を示したりもしません。室内はしだいにバランスが崩れていきます。

「イライラします。目的が何なのかわかりません」

「とにかく始めてくれればいいじゃないですか」

「リーダーシップも方向性もありゃしない」

文句が聞こえてきます。明確な構造がないので、会話は混乱した堂々巡りとなってきます。しばらくすると、室内は静まりかえり、全員が私を見て、私の行動を待ちます。何度経験してもこうした沈黙は気まずいものです――何か言ってしまいたくなるのですが、私はそれでも待ちます。何とか隙間を埋めようと、年配のメンバーが提案しました。

「こんな大人数じゃうまくいかない。ひとつの結論にはいつまでたってもたどりつかないだろう。小さなグループに分かれてブレーンストーミングをしよう」

すると、安心のため息がはっきりと聞こえます。ようやく、何かすることができるのですから。構造を重視する人ほど、こうした提案に即座に飛びつきます。彼らがさっさと椅子を動かす一方で、積極的に動こうとしない人もいます。次に起きることを待っているのです。グループに何もコンセンサスがないのですから、当然、何も起きません。

「フレームワークがなきゃ、どこにも進めない」

「目隠しされて、『鬼さんこちら』の鬼にされたみたいだな」

誰かがジョークを言い、全体がドッと笑って、緊迫感がほんの少し和らぎました。けれどそれも長くは続きません。

「これじゃだめだと思うんですが、正しい方向がわかりません」

一部のメンバーの態度が、先ほどとは違う段階に入ってきたのを感じます。椅子に背中をあずけ、ぼーっとして心ここにあらずの人もいます。仲間内のおしゃべりを始めた人もいます。携帯電話をチェックしている人も。

「こんな会議は最低だ。誰かリードをとれよ！」と、私のそばにいた男性が大声を出しました。そろそろ引き戻すべきタイミング。時間もかなり過ぎました。私はホワイトボードのマーカーを手にして、セッションの説明を始めます。

＊＊＊

新しい段階に踏み込み、不透明で厄介な作業に直面すると、私たちは必然的に自分の能力ではどうにもならないところに立たされる。場のエネルギーが変化し、恥ずかしさで笑ってみたり、そわそわしたり、退屈したりするのは、既知と未知の境界線に立たされたからだ。情報が与えられない、同じことを繰り返されるといった状況も、イライラさせられ、どうしたらいいかわからなくなる状況も、既知の終わりの先端に立たされたからだ[47]。

保たれていた均衡が崩れたとき、人は自然と既知のほうへ立ち戻ろうとする。安全圏の外で生じた不穏な気持ちを避けるべく、小さなグループを作ったり、テーマを設定したり、何らかの構造をつくるなど、過去に試してきた手法に頼ろうとする。判断する立場の人間にすがりつくような目を向け、均衡を取り戻してほしい、見通しと安心を与えてほしいと願う。あるいは、「リーダーシップを示さない」ことを非難する。さもなければ、その状況から完全に関心をそむけて、別のことを考えはじめる。

こうして人は「よくわからない」という状況を避けようとする。その背景には、何があるのだろうか。

3 無能であることへの恐怖――王様は服など着ていない

「内心はあっぷあっぷでも、外には有能そうに見せなければ、という焦りがある」と、ある政府機関のシニアマネジャーが告白している。

「私にとっては尊敬こそが究極の財産だ。自分が無能に見えてしまったら、周囲の尊敬を失うのではないかと不安でたまらない。信用を失うのではないかと。信用がなかったら成果を導けない。無能に見えることへの恐怖感で、全力投球ができずにいる」

既知と未知との境界線に立たされると、「自分には力がない」という感覚を抱きやすい。知識不足の現実をつきつけられた私たちは、自分の存在意義、能力、自信、プロ意識、知恵、権力に疑問を抱く。

AWSというオンライン送金サービス会社のCEO、ニコラ・ガッティは、なじんだ通信業界から初めて金融業界に転職してM＆A担当部長になったとき、自分が完全に知識不足であることに気づいたという。

「初めての海外入札のとき、直属の上司に『事業計画のWACCは？』と聞かれた。事業計画の読み方ならかろうじて知っていたが、『WACC』がわからない（※訳注「加重平均資本コスト」のこと）。同僚に聞いたら16％だと言うから、そのまま上司に報告した。今も忘れられないよ、本当に恥ずかしかった！ 水に放り込まれて泳ぎ方がわからないみたいなものだ。ふさわしい知識もなしに、複雑な入札に対応しなければならないんだから。

企業財務のさまざまなコツやテクニックはしだいにつかんでいった。だが、何より重要だったのは、先行きがはっきりしない状況をしっかりマネジメントして、勝利を収める方法を学んだことだ。入札には勝利し、その後も成果を出していくことができた」

この経験から、ガッティは、あらゆる分野でエキスパートになれる人間はいないと学んだ。**不完全な知識でも、必要に応じた最善の戦略を立てなければならない。**この学びは、彼の仕事人生にずっとついてまわっているという。

自分はものを知らないと認めたら、どうなってしまうか。私たちはそうした想定に対してさまざまな決めつけを抱いている。その業務がうまくこなせない、十分な専門技能がない、知識が十分ではないと露見するのは危険だ。優位性、影響力、権威、もしかしたら職まで失うかもしれない。責任や目標を達成できなかったときの結果が脳裏から離れない。

医療関連の企業でシニアマネジャーを務める男性が、こう説明している。

「ものを知らなければ尊敬は得られないと思う。私はきちんと正解を出していたいのだ。現に私はいつでも即座に正解を出せる人間だと周囲に思われている。それなのに私がもたもたしていたらどうなるか。これまでに築いた評判を台無しにしかねない。周囲は私を頼っている。私には常に大きな期待がかけられているんだ」

私たちが未知を恐れる理由のひとつは、自分自身と向き合わざるを得なくなり、自分の弱さ、不完全さをつきつけられるからだ。人間は完全無欠ではない。安全圏の中にいて、よく知っている状況や問題に対処し、答えの存在する疑問を追いかけているうちは、自分が完璧にその場を采配していると感じていられる。公式であれ非公式であれ、何らかの肩書きがあれば身を守れる。だが、ときにはそれが邪魔になって、私たちは未知に対して真正面からぶつかることができないのだ。

肩書や役割は、すっぽりと身を包むマントのようなものだ。私たちはその中に隠れて、**知らないこと**によって脆弱になるのを避ける。周囲が答えを期待してこちらを見るときにも、マントをはおっていれば、物知りというふりができる。プレッシャーを受け流すことができるので、少なくとも表面的には楽なのだ。マントがあれば身をさらさなくてすむ。既存の構造やプロセスに頼り、秩序や主導権や確実性を捻出するリストや計画に頼っていられる。

私たちはみな思い知っているが、こうした態度は習慣になる。知識という防護用マントをはおることが当たり前になって、それを着用していることも忘れるのだ。いつしかマントと一体化して、自分自身を見失う。マントは拘束衣になったのだ。裸の王様と同じで、周囲はそれに気づかないふりをして、誰も指摘しようとしない――王様は服など着ていない、とは。そもそも万能な人間など存在しない。私たちはみな本質的に無能なのだ。

人は、知らないという内面的体験と、有能という印象を維持したい外面的問題とのあいだで、葛藤を感じる。

無能、使えない、適性がないと感じるのは居心地が悪いものだ。**知らない**と認めると無力になる気がする。力や主導権を失ったことが、痛烈な恥ずかしさにつながるのだ。

未知との境界線に立たされたときの一般的なサインとして、人は恥ずかしい気持ちになる。誰でも面目を失いたくはないし、世間的な評判も傷つけたくない。「みんなに見られてしまう」という思いだけなら、ただの自意識過剰かもしれないが、もっと強烈な自己批判として感じる場合もある。恥ずかしくてたまらず、深い痛みと孤独感につながる。

恥ずかしくなる理由は、自分が間違っていると感じるからだ。行動を批判されるだけでなく、アイデンティティ自体が脅かされると感じる。「恥と弱さ」を研究しているブレネー・ブラウンは、著書『本当の勇気は「弱さ」を認めること』(サンマーク出版)で、恥ずかしさを「自分は劣っている、それゆえに愛や帰属を得る価値はない、と痛烈に感じる気持ちまたは体験[48]」と定義している。恥ずかしさは、たとえば孤独感とセットで訪れる。恥ずかしいと思わせる人や場面を遠ざけたくて、進みたい方向へ足を踏み出せず、意見を表に出せなくなるからだ。

境界線に立つと、内なる批評家が出現するのだ。あたかも理性的・論理的であるかのような声で、「それを行なう能力がおまえにあるのか」と糾弾し、私たちを引き下がらせる。

モチベーション研究で世界的第一人者とされるスタンフォード大学のキャロル・ドゥエック教授は、成功する人とそうでない人の違いを追究する過程で、知性と才能と成功の相関関係に興味をもった。著書『「やればできる！」の研究　能力を開花させるマインドセットの力』（草思社）には、その研究で判明した驚きの事実が発表されている――**成功を決めるのは能力ではなく思考回路（マインドセット）だ**というのだ[49]。知性、学習能力、性格、才能について、自分で自分にどう言い聞かせているか、それしだいだというのである。既知のものにしがみつくか、未知に飛び込んで新しいスキルを伸ばせるか、それは本人の思考回路が決めているのだ、と。

ドゥエックは考え方を大きくふたつに区別している。片方は「**固定された思考回路（フィクスド・マインドセット）**」で、知性、才能、特徴は生まれたときから決まっていると信じている。それらは遺伝子や、文化的状況や、しつけのあり方によって決定するものだと考える。徐々に改善することも可能ではあるものの、究極的にはさほど変われないと信じている。

もう片方は、それとは対照的な**「成長する思考回路（グロース・マインドセット）」**だ。もって生まれた素質、特徴、知性もあるとはいえ、目標達成のための鍛錬や自己制御や粘り強さを通じて伸ばし、広げ、高めていくことは可能であると信じている。

固定された考え方か、成長する考え方か。その違いが私たちの選択、行動、そして結果に大きな影響をおよぼす。ドゥエックの主張によると、固定された考え方の人は、常に自分の力を証明し、自分と他人に確認させていかなければならない。無知だと思われるとすべて破綻すると信じているので、それを避けるためにあらゆる手を尽くす。どんな場面も「自分は成功するか、失敗するか」「自分は勝つか、負けるか」という二者択一で評価する。だから得意だと断言できない作業は避ける。何かに挑戦するときは、最初から瑕《きず》ひとつなくなしとげなればと思うし、もし至らない点があればそれを隠したくなる。固定された考え方の人間は、失敗を恥ずかしいことと考える。また、ぶつかってくる相手ではなく、自分を引きたててくれる人間に囲まれていたいと考える。固定された考え方は、未知との境界線にたちふさがるブロックだ。新しい物事に挑戦しようというオープンな姿勢を奪うのである。

4 未知との境界線でのリアクション

既知と未知との境界線に立ちながら、それに気づけないときもある。複雑な問題は、そういうラベルを貼られて正面玄関から配達されてくるわけではない。だが、自分が起こした反応こそが、「今、私は未知に踏み込もうとしている」と気づくきっかけになることがある。

私たちはさまざまな方法で未知から逃げようとする。よくわからないことに近づいたり、期待していないもの、説明のつかないものにぶつかったりしたときに選びやすい道といえば、こちらの主導権を振りかざすか、受動的に引き下がるか、延々と分析を続けるか、悲観的思考（すべては最悪の事態になると想定する）に逃げ込むか、拙速な行動に出るか、多忙なふりをするか、あるいは手っ取り早い応急措置を施すか。いずれにせよ、**対峙するのが面倒なので、未知を過小評価する**のだ。

境界線に立たされるのは居心地が悪いものなので、これは自然で無意識の反応なのだろう。人間が本来もつ生存本能だ。だが、こうした対処方法には欠陥がある。未知を受け入れることでメリットがあるときにも、未知を避けてしまうのだ。回避行動のせいで、未知との境界線に立てず、究極的には学びの機会を失っている。

未知と対面したとき、人は反射的に次のような気分になる。


「何となくしっくりこない」

「頭を押さえつけられて、爆発しそうな感じ」

「心臓が猛スピードで走りだす」

「何だかくらくらする」

「汗が出てくる」

「口の中がからから。声がうまく出ない」

「笑いがこみあげてくる。よっぱらったときみたいに」

「そわそわして座っていられない」


職場ではこんな言葉になって表れる。


「よりどころがなくなった気がする。あの契約を失ったのは、うちのチームにとって大きな損失だった」

「暗闇の中で手探りしているみたいだ」

「職を失ってから、すべてが崩壊したような気がする」

「新しい役職に就いたばかりだが、めちゃくちゃです。判断基準がありません」

『すべてがうまくいかないとき』（めるくまーる）などの著書がある仏教徒の尼僧ペマ・チョドロンは、既知と未知との境界線に立たされる経験を「**足場をなくす**」と表現している。カーペットを引き抜かれたように、足元が不安定になって、私たちはうろたえる。混乱し、パニックになったり恐怖に震えたりする。

転職活動中の人は、不安定な気持ちについて、こう語っている。

「仕事を辞め、次の仕事に就くまでのあいだは、住宅ローンの支払いにあてるお金をどうやって捻出したらいいかわからず、常時不安でした。先行きが見えないのが怖くて怖くて。不透明な未来に直面し、鬱々とした気持ちになると、悲観的な予測しかできなくなります。**知らない**ことに向き合う不安よりも、落ち込んだ気持ちでいるほうが、その気持ちは確かなので、いくらか安心なんでしょう。**知らない**のは怖いんです。だから不安に駆られてあくせくしていることで、人生の主導権を握ろうとします」

未知との境界線で私たちが起こすさまざまなリアクションについて考察してみよう。

主導権を握る

自分が事態を把握している、主体となっている、自立している、主導権を握っているという感覚は重要だ。それは「生きやすさ」と結びつく。

コンサルタントのデイヴィッド・ロックは、脳科学を活用した能力開発やコーチングを専門としている（22ページ）。彼の研究によると、主体性や主導権をもてない社員は、先行きがわからないという思いをつのらせ、ストレスレベルが高まる。反対に自主性をもたされているという認識があれば、不確実さを感じず、ストレスも低減する。[50]

そして「コントロールの幻想」を研究する心理学者のエレン・ランガー（93ページ）の主張によれば、ストレスが多く競争の激しいシチュエーションでは、自分が結果をコントロールしている、結果を左右していると思いたい人間の性向が強まるという。

状況が変化し、先行きの予測がつかないと、ストレスレベルも上がり、周囲の環境に縛られているという思いも強くなる。主導権を取り戻して無力感を追い払いたくなる。主導権を求めるのは、それで身を守ろうと思うからだ。そうすれば**知らない**という姿勢で向き合わずにいられる、確実なものをつかんでいられるからだ。だからあえて視野や行動範囲を狭め、抑え込む。あるいは高圧的に指示や命令を出したくなる。

プレッシャーのもとでは、人はルーティンに逃げ込むか、よく知っているシステムや規則を通じて主導権をとろうとする。組織は人工的なシステムでコントロールできるという幻想を抱く。

モトローラが考案した「シックス・シグマ」は、製造工程改善のテクニックやツールをまとめた品質管理戦略だが、これはまさに環境をコントロールしたい人間の欲望の実例だ。単純な問題または煩雑な問題（既知の未知）には有効だが、今日のビジネスが抱える問題の多くは複合的（未知の未知）である。この新商品は効果があるのか。顧客の嗜好や選好はこの先どう変わるのか。これからの事業に影響する見えない要因は何か……。ビジネスに安定した予測可能な結果を出せると思い、未知の未知に対して常に同じシステムで「失敗のない活動」ができると思うのは、幻想にすぎない。

受動的な態度と自滅行為をとる

足場を失ったとき、私たちがとっさにしやすい反応は、その気持ちから身を引き離し、心配や憂鬱を遠ざけようとすることだ。問題が壊滅的に見えて、どうしたらいいのか、どうすれば対処できるのかわからない。だから自分を不安にさせる場から逃げたくなる。それは人間の自然な反応だ。居心地の悪い気持ちと行動がないまぜになって、簡単に絶望に沈む。

分析まひになる

私たちは、分析したり、より多くの情報を集めたりすることで、未知の複合的な問題に向き合うことから逃げようとする。苦戦する理由は知識不足だと思い込む。もっと多くの資料を読み、もっと調査し、もっと仕事が得意になれば、答えが見つかるだろう、と。

この考え方の欠点は、解決どころか定義することも難しい試練にぶつかったとき、結局解決策にはたどりつけないことだ。そもそも問題解決に必要な知識や能力を完璧に手に入れることが不可能かもしれない。分析が済む頃には、問題は変化していたり、広がっていたり、あるいは消えている可能性もある。そして計画のすべてが無駄になる。

分析に頼りすぎるのは、行動を先延ばしまたは回避する手段でもある。分析していれば、その最中はやるべき作業が明確なので、気持ちが楽なのだ。だが、先に登場したAWSのCEO、ニコラ・ガッティは、それでは通用しないことを学んでいる。

「知識が不完全でも、自分の能力と本能をもとに先へ進んだほうが、知識が到着するのを待っているよりマシだ。貴重なチャンスを逃す可能性もあるが、昨今の急変する世界においては、このほうがいい」

悲観的思考に陥る

悲観的思考とは、問題の結果を誇張して、まっさきに「最悪のシナリオ」を想定する考え方だ。その展開は気に入らないが、だからといって、できることは何もないと決めつけている。

マネジメント・コンサルタントのカレン・ローレンが、情熱を感じられない仕事ですっかり気分がくさり、やる気を取り戻そうとしたときのことを、こう語っている。

「将来について考えると、ほかの仕事を探さなくちゃという焦りと、何をしたいのかわからないというパニックで、延々と抜け出せなくなるのです。焦りとパニックが頭に棲みついて、意欲もくじけていきました。不安で想像力ばかりをたくましくしていました。新しい領域に飛び込でも、きっとそれはとんでもない間違いで、人生が破綻するだろう、と目に見えるようでした。もう引退したいと思いつつ、どうすればそうできるかも見当がつきませんでした」

拙速な行動をとる

何かを決定すれば、即座に満足が得られるかもしれない。決定したことでどっと流れ込む安心感は、シュガーハイと似ている。短期的には元気が出るが、やがて当初よりもパワーを失うだろう。たいていの組織は、「知らない」ということへの耐性が低く、つい、拙速に価値を求めてしまうのだ。問題を合理的に処理し、表面的な答えを出すことで、**知らない**ことの居心地の悪さを避けようとする。無能に見えるかもしれないという不安に押されて、とにかく行動せねばというプレッシャーに負ける。

ある保険会社の人事部マネジャーが、こう説明している。

「じっくり考えて無知と向き合っていると、心もとなくなるので、避けるんです。周囲からの

FINISTERRE

IS THE EDGE OF THE KNOWN

期待もありますし、私自身、答えを出したいという思いがあります。だから余計に、辛抱強く待つことはできません。結論を急ぎ、結果に執着するのです」

抵抗感を抱く

抵抗感は、現実を押しのけようとする力だ。変化と、変化に伴う喪失に対する反応として、抵抗感を抱くことが多い。不快でネガティブなもの、恐れ、嫌い、直視できないものに感じることもある。抵抗感を抱くときの私たちは、その物事が変わればいいのにと願っている。

コンサルティングやコーチングを通じて充実した働き方を指南するニック・ウィリアムスは、望むものがすべてそろっているかに思えた華々しい会社生活を、「何かが欠けている」と感じたという理由で辞めた。20代に9年間で3社の仕事を経験したが、そうした働き方を離れて起業したいという衝動を感じたのだ。

インターネットやソーシャルメディアが登場する前の時代で、ダウンシフティング（※訳注　世間的には好待遇の仕事より、低収入でも満足の得られる働き方を選ぶこと）とか、キャリア・ポートフォリオといった考え方が出現する前のことだ。

「それまで知っていた世界の境界線から踏み外すような気持ちでした。ここに至るためにあんなにも働いてきたのに、（それを辞めるなんて）キャリア上の自殺行為です。大勢をがっかりさせると思いましたし、ひとりきりになるのも不安でした。いつでもルールに従い、自分の役割をきちんとこなし、求められていると思うことをこなしてきたんです。でも、それで私は幸せになっていませんでした」

約10年が経った今も、初めて書籍の出版契約書にサインしたときのことを、ウィリアムスはよく覚えているという。いよいよ物書きとなるという局面で、強い抵抗感に襲われたのだ。幼少期から、自分は執筆の才能がある、これは自分の才能かもしれない、と思っていた。働き方に関するワークショップや講演活動を始めていたので、その自然な延長として本を書きたいと考えて、1997年の夏、イギリスの大手出版社6社に企画書を送ったのだ。驚くことに1社が打合せを求めてきた。

行動を起こしてよかったと思ったが、心の奥底では、成功するとは信じていなかった。作家志望に送られてくる断りの手紙の話や、もっと悪い場合はなしのつぶてとなる話を、さんざん聞いていたからだ。

1998年9月1日、郵便受けをすり抜けた手紙がカーペットの上にはらりと落ちた。それを拾い上げ、封筒に示された出版社のロゴを見たときの気持ちは、今でも忘れられないという。ウィリアムスの心は一気に、却下されることへの恐怖で満たされた。急いで開封する。「出版に値するとまではいきませんが、挑戦してくださったことにお礼申し上げます」という文面を覚悟したのだが、読み進めるうちに衝撃を受けた。「ぜひ出版契約を」と書かれていたのだ。

「言葉もなく、ただ気持ちが高ぶりましたが、そこへ抵抗感が急にわきあがってきたんです。

『なんてことをしたんだ。執筆なんかできっこない。できると嘘をついて、大勢の人をひっかきまわしたな』『おまえが書いたものなんか、誰が読むものか』……そんな声が聞こえてきました。そして確かに、『書けるはずがない。ひどいものに仕上がったらどうしよう。資源の無駄にしかならない』と思えてしまったんです。抵抗感の声はそれほど大きく響きました」

変化は常に喪失を伴う。私たちは何かを失うのがいやで、喪失を回避すべくあらゆる手を尽くす――たとえその「変化」が、長年の夢の実現であったとしても。何に踏み出そうとしているのか、何を手放そうとしているのかわからないのだ。

既知と未知との境界線に立った私たちは、**知らない**ことを恐れるのである。

THE ILLUSION
OF CONTROL

5 境界線を越える必要性

現状維持に甘んじるのはもういやだ――そんな思いが、心の奥底からゆっくりとわきあがってきたことはないだろうか。未知を避けるのはやめて、むしろ未知を追いかけたい、という衝動に駆られたことはないだろうか。

アメリカ人の神話学者ジョセフ・キャンベルは、こうした渇望を「**呼び声（call）を聞く**」と表現した。人生をこのままだらだらと続けていくわけにはいかない、と痛感する瞬間のことだ。好むと好まざるとにかかわらず、私たちは変化の始まりと向き合い、既知と未知との境界線を踏み越えていかなければならない。

リーダーシップ・コーチングを仕事とするアブーディ・シャビは、変化を促す「天命」を聞き、無駄な抵抗はできないと悟った。ロンドン都市圏で幸せな生活を送ってきたが、数年前から、何かが足りないと思いはじめていたのだ。田舎の静かで平穏な日々が恋しかった。生活費を稼ぐための妥協として、自分でも受け入れて田舎を離れたはずなのに……。都市に住んでいればあらゆる面で合理的なのだから、引き換えにしたものは仕方ないと了承したつもりだった。

だが、郊外に行く機会があるたび、自然への憧れと懐かしさで胸が痛む。しばらくはこの思いを脇へどかし、日常生活に戻っていたが、ある春を境に一変する。休暇でイタリアに行ったときのことだ。自分とじっくり向き合う場所と時間を得て、心を休め、イタリアの片田舎に広がる春の美しさを堪能した。うららかな陽射しのもと、鳥のさえずりを聞き、森を散策し、夜には焚火のそばで読書をした。そして、もはや「呼び声」を無視することはできない、と痛感した。

「とはいえ、心は千々に乱れました。ロンドンを離れることなんてできるのか。離れてどこに行くというのか。生活を変えるなんて、どこから始めればいいのか。なじんだものを捨てられるとは思えず、何とか『正解』を出そうともがきました。『わからない』というのがいやでした。答えは簡単に出ないかもしれない、と認めるのがいやでした。そこで自分で解決するのはやめて、ロンドンに住む友人に電話し、悩みを打ち明けたのです。返ってきたアドバイスに驚きました。『決めるのはおまえじゃない。人生がどう広がっていくか、自分で決めることはできないんだ』と言われたのです」

興奮と困惑を抱いたままロンドンに戻ったが、もうそれまでと同じ人生ではいられないとわかっていた。たとえ何も変わらなかったとしても、彼自身はすでに転換期に踏み込んでいたのだ。友人のアドバイスを胸に刻み、解決策を見つけなければならないという焦燥に駆られたときや、相反する思いの調整がつかなくなったときは、ただ瞑想するか、散歩に出るか、自転車に乗って出かけた。特に有益だったのは、「この先どうなるかわからないが、10年か15年のうちには答えが見つかるだろう」と思えるようになったことだ。模索するプロセスを楽しもうと決めた。それで状況が楽になるとは限らない。だが、不確実なこと、これまでと違うことに向き合い、好奇心や関心をもってオープンに臨めばいい。

2年ほどが経った頃、その漠然とした旅が、ひとつの〝乗り換え駅〟にさしかかった。ロンドン都市部のアパートを売り、閑静な北ロンドン住宅地そばに部屋を借りることになったのである。

「ある意味では、生活は前よりも落ち着かなくなりました。新たな課題も生じました。仕事のスタイルも変えました——もう出張三昧はごめんだ、という思いもありましたから。部屋の貸主は来年には戻るので、そしたらまた引っ越さなければなりません。そのあいだにも家賃相場は高くなる一方です。でも、こうしたばたばたした生活の中で、確信を深めていることがあるのです。私自身は以前よりずっと落ち着いてきている、と。**知らない**ということに対して平穏な気持ちでいられるようになりました。断続的だった瞑想の習慣は日課になっています。ほぼ毎日、近所の森を散歩します。ヨガのクラスにも通いはじめました。自分が何をすべきか、今も模索は続いていますが、こうした日々の習慣が支えになって、穏やかな気持ちのまま先の見えない道を進んでいます」

既知と未知との境界線に立たされたとき、自分はとっさにどんな反応をしてしまうのか。それを心得ていれば、意識して境界線の向こうへ踏み込み、その先を探りながら、新しいスキルや能力を育てていくことができる。オリンピックの体操選手のように、こうした大事な場面でとるべきアプローチを練習しておくのだ。ぞわぞわと落ち着かない気分になったときこそ、悪い習慣に逃げ込まず、その先の可能性に向き合える自分であるようにするのだ。

ここまでの理解を踏まえて、本書は次の段階へと進みたい。境界線を楽しみ、海図のない未知の海に爪先を浸してみる段階だ。おそらく、これまで経験してきた冒険よりも、さらに遠くへ踏み出すことになる。可能性と学びがすぐそこで待っている。

暗闇が照らすもの

CHAPTER 5

DARKNESS IS YOUR CANDLE

闇はあなたのろうそくである

Persian poet and Sufi mystic Rumi

ジャラール・ウッディーン・ルーミー
（ペルシャの詩人、イスラム教神秘哲学スーフィズムの権威）

1 「知らない」――無知を見直す

著者である私たちが、**知らない**ということについて本を書こうと思う、と最初に話したとき、周囲の反応はもっぱら否定的だった。

「ものを知らないことに、どんな長所があるっていうんです？」

「無知に利点があるとは思えない」

「知らないより、知っていたほうがいいはずです」

「他人に無教養な様子なんか見せたくありません」

「ただでさえ知識がなくて困っているのに、これ以上困ったほうがいいと？」


こうした意見の根幹には、「知識があるのがよいことなら、ないのは悪いこと」という考え方がある。ほとんどの人にとってはシンプルな理屈だ。だが私たちがいう「**知らない**」とは、そうした一般的な意味ではない。「ある」ことではなく「ない」ことのみを語りうるという、古い「否定神学（apophatic）」と同じ考え方だ。**この本では、「知らない」を「知識がない」**

という位置づけとは区別する。馬鹿という意味での無知とは違う。また、足りない知識は必ず見つかるはずとも考えない。

現代の一般的メタファーとして、知識は光になぞらえられ、**知らない**という状態は闇にたとえられる。「お先まっくら」という表現もその一例だ。だが逆説的なようだが、たいていは**知らないからこそ学びと新しい知識に結びつく。**自然界や生きものの生態と同じく、地中深くで芽吹く種のように、子宮に育つ胚のように、**知らない**ということが見えない成長を促す。

簡単に目に見えないと、何も起きていない、と私たちは思いたがる。だが変容は闇の中で起きる。私たちは見えているもの、比喩的な意味で光のもとにあるものに価値を置きたがるが、そもそも自然は昼と夜との完璧なバランスによって成り立っている。**「わからない」と認めるからこそ、ものを学べる**のだ。**知らない**という闇は、新たな光を呼びこむ自由と余白とを差し出している。

著名なグラフィック・デザイナーのアラン・フレッチャーが、著書『横目で見る技術（The Art of Looking Sideways）』で、**余白は何かが「ない」のではなく、空間が「ある」**のだ、という見解を示した。例として、そこから何かが生じるものとして余白を利用した芸術作品の数々を紹介している。セザンヌは空白を絵画や彫刻にした。ジャコメッティは「空白の脂肪をそぎ落とし」て彫刻を造った。俳優のラリフ・リチャードソンは演技に「間」を活かした。音楽家のアイザック・スターンは、音楽に静寂を取り入れた。[51] これらと同様に、**知らない**という状態における「知識の不在」は、可能性に満ちた不在なのだ。**知識が「ある」とみなすことの問題点は、その視点が往々にして、知識が「ない」ことにひそむ機会を閉め出す点**だ。ヴェサリウスの時代の人々は、ガレウスが解剖のすべてを知っていたわけではないかもしれない、と認めることができなかった。１４００年にわたって、思い込みが疑問の余地を閉め出し、新たな目を閉ざし、それゆえに新たな学びと知識獲得を阻んでいた。

第二次湾岸戦争の初期フェーズのあと、元アメリカ大統領ジョージ・W・ブッシュの「任務完了」宣言の根拠となっていた「知っている情報」は、その任務が完了していないかもしれないという可能性を閉め出した。ブッシュ元大統領の断言的なリーダーシップは、あまりにも明確で、そこに疑いの余地は存在しなかった。だが、疑っていれば、より学習的なアプローチで臨むことができたはずだ。学習的なアプローチがあれば、イラクへ進攻する同盟軍は、軍事力が解決策だと決めつけず、何が効果的かオープンに考えることができただろう。

２００８年の世界的金融危機の前も、政策や実務を預かる専門家たちは経済について十分な知識があり、合理的な判断力があり、投資リスクも適切に考慮されている——と世間は信じていた。イギリスの元財務大臣で、その後に首相となったゴードン・ブラウンは、早い段階で「バブルとバブルの崩壊は終わった」と高らかに宣言したが、これは大きな誤りだったことが証明されている。

この本が考えたいのは、「知ることができるシチュエーション」や「知るべきシチュエーション」ではない。また、**知らない**という姿勢で対峙せよというのは、すでに知っていることをすべて捨てろという意味ではない。**既存の知識に縛られない余白へ踏み込む**という意味だ。**知らない**という姿勢で臨むことによって、私たちは先行きのわからない状況と向き合い、答えがない複雑な問題に取り組む。それは能動的なプロセスだ。新たな挑戦と学びに心を開く選択だ。複雑さ、曖昧さ、矛盾、不確実とともに生き、ともに歩む。既知と未知との境界線に立たされたときに直面する、「確信がない」という不安な状態に耐えるのである。

そのためには、**「知らない」を「ない」でとらえるのをやめ、そこには機会と可能性が「ある」ととらえなければならない。**その場所こそ、新しい知と出会える場所なのだ、と。

TRANSFORMATION

IS UNFOLDING

IN THE DARK

変容は闇の中で起きる

2
未知の国の住民から学べること
――命を落とした探検隊

オーストラリアのメルボルン。スワンストン・ストリートとコリンズ・ストリートが交わる広場に、花崗岩の台座に据え付けられた印象的な2体の銅像がある。台座の説明を読んでみよう。

「ロバート・オハラ・バークとウィリアム・ジョン・ウィルズ
ビクトリア州探検隊のリーダー
初めてオーストラリア大陸を南北縦断す
帰路の途中　１８６１年６月に
中央オーストラリアのクーパーズ・クリークで命を落とした」

バークはウィルズの左に立ち、膝に本を開いて座るウィルズの肩に手を置いている。銅像は、探検隊が不幸な結末を迎えてから4年後、１８６５年4月21日に除幕されて以来、この場所に立っている。

バークとウィルズの物語は、勝利と成功の物語である。探検隊はオーストラリア南端の街メルボルンから、3000㎞の苦しい旅の果てに、北側のカーペンタリア湾にたどりついた。一方で、これは悲劇と災難の物語でもあった。途中で大勢が命を落とした。隊長であったバークとウィルズは、メルボルンまで残り3分の1、補給所のあるクーパーズ・クリークまで帰還したが、そこで飢えのために死亡している。

補給所周辺には、先住民が日常的に食している野生の動植物――オーストラリアでは「ブッシュ・タッカー」という――が豊富にあったにもかかわらず、なぜバークとウィルズは飢えで死ななければならなかったのか。多くの歴史家がこの疑問を考えている。[52]『アボリジニの物語から見るバークとウィルズ（The Aboriginal Story of Burke and Wills）』の共著者、イアン・クラークが指摘するとおり、ヨーロッパ人である彼らが飢えた場所で、アボリジニたちは生き延びてきた。[53] クラークは、謎の答えはバークの態度にあったと考察している。

バークは先住民の人々にも、土地の知恵に対しても敬意を払わず、むしろ軽蔑に近い感情を抱いていた。それ以前の探検隊は土着の民を案内人に使っていたのだが、バークとウィルズの探検隊はアボリジニのガイドを立てず、数々の失態を招いた。その土地に住む者としっかり向き合えなかった、あるいは向き合う気がなかったことが、彼らの死につながったのである。

バークは往路でクーパーズ・クリークにたどりついたとき、そこに補給所を設営し、部下であるウィリアム・ブラーエを責任者として残して、補給所に近づくアボリジニを追い払うよう命令した。4カ月後、カーペンタリア湾から戻ったバークらは、わずか数時間の差でブラーエと落ちあえなかった。ブラーエは待つのをあきらめ、その日の早い時間に補給所を捨てて帰路についていたのだ。

もしブラーエが、数千年前からクーパーズ・クリーク一帯で生きるヤンドゥルワンダ族の人々と良好な関係を築いていたら、バークの探検隊が近くまで戻って来ていることを知らせてもらえただろう――とクラークは考察している。同様に、もしバークがヤンドゥルワンダ族との接触を拒否していなかったら、まもなく補給所に到着するとブラーエに知らせることもできたはずだ。[54]

だが実際には、クーパーズ・クリークまで帰還した探検隊は、ヤンドゥルワンダ族が示した友情ともてなしを信用しなかった。ウィルズの日記には、「(土着の人々は)意地が悪く、あらゆる面で軽蔑に値する」と書かれている。ヤンドゥルワンダ族が差し出す食糧が彼らの生命線であったにもかかわらず、その寛大さに頼るどころか、「これを受け取れば、我々も数カ月は、この黒人たちと同じ生き方をしなくてはならない」と考えたのだ。

イギリス貴族院の自由民主党議員オルダーダイス卿は、この探検隊唯一の生還者ジョン・キングの子孫である。オルダーダイス卿の話によれば、アボリジニの知識に敬意を払った先祖とは対照的に、バークは彼らに対してひどく否定的だった。[55] 食糧を運び、見返りに服を1枚欲しいといった男には、頭上に向けて銃を1発お見舞いしたという。

その後もバークは、差し出された魚をぶしつけな態度でつっぱねたといわれている。しばらくして、ヤンドゥルワンダ族は探検隊に食糧を運ぶのをやめ、移住していった。支援がなくなった探検隊は、アボリジニが食材にしていた水生シダの確保に苦戦した。その植物が木に生えると誤解して、間違った場所を探していたからだ。やっとのことで見つけても、適切な調理をせずに食べれば有害だとはつゆ知らず（ビタミンB１を枯渇させ、それが栄養失調による死をもたらす）、生のままで食べていた。

バークは栄養失調のため、クーパー川のほとりで動けなくなった。キングに命じて自分の手にピストルを握らせ、埋葬しないよう指示して、午後にこの世を去った。キングはヤンドゥルワンダ族を探したが見つからず、補給所に戻って、ウィルズも死んでいるのを発見した。埋葬を終えてふたたびヤンドゥルワンダ族を探し、ようやく出会うことができたという。オルダーダイス卿の指摘によれば、キングが生き伸びた唯一の理由は、アボリジニの人々に配慮し、彼らの土地の知恵に敬意を示したからだ。キングはヤンドゥルワンダ族とともに2カ月生き伸びた末、メルボルンからの救助隊によって１８６１年9月15日に発見された。

バークとウィルズが、オーストラリア大陸を渡る初の白人としてなみなみならぬ度胸と勇気を示したことを鑑みれば、これはおおいなる皮肉である。彼らは未知の知識源に対して心を開かなかったために、命を落とした。未知の世界に住む人々から学ぶことができなかった。そこに住む人々が自分より知識をもっている、という事実を認められなかった。信用しなかったのだ。未知の存在からもたらされる新しい知識に、もし違う態度で臨んでいたら、彼らは生きられたのではないだろうか。

何世紀ものあいだ、さまざまな分野の多くの先人たちが、未知の世界を解明しようと試みてきた。**知らない**ことを受け入れ、むしろ歓迎して、それが成功のカギになった例は世界各地に存在している。芸術作品を生み出す、心理療法でクライアントの行動に変化を促す、科学の新たな発見を導く、冒険で新天地を開拓する、起業して新しい価値を創出する……多くの分野の成否を分ける根幹に、**知らない**という姿勢がかかわってくる。**知らない**ことに対峙した人々が、それを創造と可能性の源泉として活用した経緯を学べば、未知の学習に苦戦する私たちにとっても貴重な教科書になるはずだ。

バークとウィルズの二の舞はやめよう。多様な体験と視点に心を開き、足を踏み入れるのだ。ここまでどれだけ模索してきたのだとしても、あるいは、今初めて未知に直面したのだとしても、その場所に住む人々からすすんで学ぼうではないか。

3 芸術家——天使と悪魔のあいだの領域に挑む

矛盾や曖昧さをも楽しめる開かれた心で、黒か白かを決めつけない中庸の生き方をしていけばいいのです。

ペマ・チョドロン

芸術家は、既知と未知との境界線に立つ。ふたつのはざまにある創造的な空間に生きている。だが、その空間は、「エゴの崩壊」と表現されるものに心を開いたとき、初めて姿を現すのだ。

マーシャル・アリスマンは、1937年生まれのアメリカの画家、イラストレーター、作家、教育者だ。TIME誌からマザー・ジョーンズ誌まで、幅広いメディアに特集されている。スミソニアン・アメリカ美術館にも作品が常設展示されている。有名な作品は、たとえばブレット・イーストン・エリスの小説『アメリカン・サイコ』の表紙イラストだ。主人公パトリック・ベイトマンの顔を半分人間、半分悪魔として描いている。

彼の創作プロセスは、ほぼ50年間まったく変わっていないという。起床し、着替えて、アトリエに行く。

「私はエゴに背中を押されてアトリエに到着し、『これまでで最高の絵を描いてやるぞ』という思いで、まっしろのカンバスの前に立つ。だが、私は忘れているのだが、エゴは絵を描けない。できるのは私をアトリエに向かわせることだけだ。まっしろなカンバスの前で、エゴはどうしたらいいかわからなくなる。だから私が絵を描きはじめる」

創作はたいてい何かのモデル、通常は1枚の写真から始まる。写真を目の前に置いて、「このカエルを描こう」と考える。途中でカエルがブタのように見えてきたら、絵もブタのようになっていく。どこへたどりつくかは自分にもわからない。むしろ、自分でコントロールしようとしなかったときほど、素晴らしい作品が生まれるという。

「20分もすると、自分の絵がそれほどよくないという思いがわきあがってくる。心の中で『これではだめだ』『やめておけ、あきらめろ』『描けやしない』という声が聞こえてくる。押し問答は20分ほど続く。ときにはエゴの声が2時間もがなりたてたあげく、『いつになってもだめなものはだめだ！』と言い出すこともある」

アリスマンの話によると、この時点で、エゴが少しばかり道を譲りはじめる。

「この妨害と破壊の真ん中あたりで、エゴに描かされたものは価値がないと悟ったとき、私の力で絵を描くための空間が開く。ほんのわずかな空間だ。長くは続かない。15分くらいかもしれないが、それで十分だ。エゴを破壊して初めてこの空間にたどりつける」

　このプロセスを経て生み出されるものは、アリスマン自身から出てくるというより、彼を「通って」出てくるのだという。

「誰かに『あなたの絵が好きです』と言われると、『生み出したのは私じゃない』と答えている。マーク・ロスコ（※訳注　20世紀の抽象画家）も、自分は通り道にすぎない、ということを言っていた。自分を通ってエネルギーが出てくる、と。私はこの空間をとても大事にしている。とりつかれている、といってもいい。75歳になった今も、絵を描くというより、あの空間に出会うことに執着しているのかもしれない。だが、そこにとどまることは絶対にできない」

　アリスマンの祖母は霊媒師だったという。

「祖母は私によく『天使と悪魔のあいだの空間で生きる方法を学びなさい』と言っていた。『天使は邪気のない顔で誘いかけてくる。悪魔は狡猾な顔で危険に誘い込むんだよ』と。私のアトリエは、まさに文字どおり、天使と悪魔のあいだの空間だ。片方の壁に天使の絵を飾り、反対の壁に悪魔の絵を飾っている。このふたつのあいだで、人間は、**知らない**世界と向き合う」

ADVENTURING INTO THE UNKNOWN

4 探検家――山ひとつずつ

山を征服するのではない。自分自身を征服するのだ。

サー・エドモンド・ヒラリー（登山家）

エドゥルネ・パサバンは、世界で初めて女性として、８０００m峰14座を制覇した登山家である。彼女の体験は、地図のない領域に踏み込んだときに私たちの誰もが直面する試練について、実に印象的な気づきを物語っている。

エドゥルネはスペイン・バスク地方にあるトローサという小さく美しい町で育った。10代の頃から山が好きで、15歳でモンブランに初登頂を果たした。16歳までにアンデス山脈の7峰を制覇している。エクアドルにある標高６３１０mの山、チンボラスも入っていた。

「同い年の女の子はボーイフレンドと遊ぶことで頭がいっぱいだというのに、私の心にあったのは登山だけでした。経験豊かな登山家たちの小さなグループに加わっていたのですが、彼らは辛抱強くいろいろと教えてくれました。早い時期にこうした指導を得られたことが大きかったのだと思います。私に自信をつけさせてくれました」

２００１年、ヒマラヤに初挑戦し、エベレスト登頂に成功する。戻ってきた彼女に、父親が選択を求めた。家業で生きていくか、登山で生きていくか。両方は無理だったからだ。エドゥルネは登山を選んだ。

エベレスト制覇のあとは、毎年ひとつかふたつずつ、その他の８０００m級の山々に登るようになった。だが、このミッションを始めた時点で、14座すべての登頂が可能だとは思っていなかったという。

「毎回すさまじいエネルギーと覚悟を必要とするので、全制覇なんて想像もできませんでした。９つめに登頂して初めてすべてを登ることも可能かもしれない、と思ったんです。終わりが見えてきたからです」

物事を達成するには「最初から最終目的地を思い描け」とよくいわれるが、エドゥルネのアプローチは正反対だった。ただ山に臨み、登りつづけた。ひと山ひと山を経るうちに、最終的な目標が明らかになっていったのだ。

その旅路は決して楽ではなかった。２００４年には、世界で最も危険な山といわれるＫ２登頂を果たしたが、凍傷で足の指を２本失い、命までも落としかけた。無事に下山できたのは、酸素ボンベを運んだチームとシェルパたちのサポートがあったからだ。その助けがなかったら生き延びていなかった、と本人は確信している。探検家にとって、未知の領域で生き残れるかどうかは、周囲のサポートにかかっているのだ。

だが、足の指を喪失したのが、彼女の人生で最もつらいことではなかった。最大の試練には山の下で遭遇した。

「自宅に戻ったときには32歳。友人はみな結婚して、まったく違う人生を歩んでいました。考え込んでしまいました——私は何をやってるんだろう。登山と、未知の世界への旅を、このまま続けていていいものだろうか。普通の人生、普通の母親になるべきなんじゃないか……。ずいぶん長いこと鬱になり、落ち込んで、4カ月も入院しました。自分の生き方を好きだと思えなくなっていました」

この時期のエドゥルネを支えたのも、家族、友人、そして登山仲間だった。彼女にとって最高に幸せな瞬間がいつだったか——登山している最中のこと、ベースキャンプにいるときのことを、エドゥルネは思い出した。

「周囲と違っていても、私は私の人生で幸せなんだ、と思い出させてくれたんです。そして新たな挑戦へ背中を押してくれました。1年後、新しい探検の準備をして、14座すべてを制覇しようと決意しました。先の見えない状況で何より苦しいのは、続ける意欲を失うことです。でも、自分を理解してくれる人がいれば大丈夫なんです」

それを悟ったのは登山家としての能力のおかげだった。頭ではなく身体と心の声を聞き取る能力だ。エドゥルネは2001年に、イタリアのチームとともに山頂まであと200mまで近づきながら、体調の悪さのせいで進めなかった経験があった。具体的にどう悪いとはいえなかったのだが、とにかくいやな感じがする。登頂までほんの少しだったにもかかわらず、彼女は直感に従うことを選び、そのまま下山するという苦渋の決断を下した。スペイン人の仲間二人が一緒に頂きへ戻るよう説得を試みたのだが、自分の感覚に注意深く耳を澄ませて決断したエドゥルネは、説得を受け入れなかった。のちに、そのスペイン人登山家のうちひとりが、まさに自分が悪寒を感じた場所で命を落としたことを知る。

未知の領域に乗り出すときは、その過程の小さな成功や目標到達を喜ぶことが大切だ――と、エドゥルネは信じている。たとえ、最終的なゴールには至らないとしても。

「直感が何かをささやくときには耳を貸します。そして、小さな目標を達成する瞬間を、しっかり心で感じるのです。それはとても大切なステップです。最終的な成果だけで頭をいっぱいにしてはいけません。自分をここまでたどりつかせてくれた人やことと一緒に、喜びあうんです。人生は誰でもひとつです。ふたつめを与えてもらうことはできません」

5 心理療法士——不可知の道

記憶は捨てる。願望から未来の時制を捨てる。知っていたこと、望むこと、その両方を忘れて、新たな思考が生まれる余地をつくる。

ウィルフレッド・ビオン（精神分析医）

西欧の神学と哲学には、**知らない**という姿勢を「**不可知の道（the way of unknowing）**」と表現する奥深い伝統がある。主に心理療法と信仰の結びつきをめぐって語られる概念だ。ロンドンのセント・メアリーズ大学で牧会学・霊性学の准教授、神学の上級講師として教えるピーター・タイラー博士は、統合的心理療法士でもある。「不可知の道」の概念は、タイラー博士のパストラルワーク（※訳注　心理学と神学の両面からカウンセリングにあたること）に直接的に影響している。

タイラー博士は、言葉は常に言葉になりえぬものを示唆している、と述べたオーストリアの哲学者ルードヴィヒ・ウィトゲンシュタインを引用し、こう語っている。

「言葉（language）と言説（discourse）は、ウィトゲンシュタインによれば、語られることと語られないことのあいだの演出である。言葉にされることと、言葉にはならずただ提示されることとの、と言うべきか。人間の知性はどちらか半分しかつかめない。**真実の全体像を浮かび上がらせるためには、既知と未知、すなわち言葉にされる内容と提示される内容の両方が現れなくてはならない**」

心理療法士としての仕事はまさにそういうことだ、と博士は考えている。クライアントが入室してきた時点で、心理療法士はひとつの選択を迫られるのだ。これまでの学びと訓練に頼って臨むか、それとも、クライアントとともに未知の領域へと踏み込もうとするか。

イギリスの精神科医ウィルフレッド・ビオンも、同じ課題について語っている。

「患者と診察室で向き合ったら、あえて間を置いたほうがいい。なぜだかはわからないが、それはひどくおそろしく感じる。こちらは多くを語らず、患者自身に語る時間を与えるのは、とても難しい。患者自身も不安でいやがる。我々も、何か言ってくれというプレッシャーを受けつづける。医者なのだから、精神科医なのだから、ソーシャルワーカーなのだから、きちんと病名をつけて整理できるはずだろう、と」[56]

タイラー博士は、心理療法士は記憶と欲望を捨てて臨むべし、というビオンのアドバイスに注目している。「**不可知の領域**（**space of unknowing**）」に踏み込む勇気と謙虚さをもて、とビオンは言うのだ。これまでの知識、掌握したいという希求、そして「モンキーマインド（※訳注　木から木へ飛び移る猿のように落ち着かない思考のこと）のうるさいおしゃべりすべて」を脇に置いて、ただ目の前にいる相手と対峙する。タイラー博士にとって「不可知の道」とは、その瞬間に耳を澄まし、相手が偶発的にもち出すものに耳を傾けるという意味だ。これがときに驚くような展開を導く。

「驚きはひとつの気づきとして浮かび上がることもある。絵として見えてくることも、心に響いてくる音として聞こえてくることも、身体に感じる衝動としてこみあげてくることもある。私はセッションを始める前に、常にみずからを検証して、今の自分の心理的・身体的・精神的状態を確認する。セッション中に予想外の感覚、思考、身体的衝動や感情がわきおこってくるとしたら、それは9割の確率で、目の前の存在に影響されているのだ。頭や肩が締めつけられる感覚となることもあるし、怒り、不安、無気力という形になることもあるし、ある光景が浮かんできたり、しばらく思い出していなかった衝撃的な記憶が戻るという形になることもある」

タイラー博士は、これが、精神科医がいうところの「**転移**」と「**逆転移**」であることを自覚している。だが、このように予測のつかない衝動、感傷、思考が生じることを身をもって知っていれば、そうなった場合にも恐れる必要はない。セラピストはそれらにのみ込まれないよう注意して、より意識的にクライアントと接すればいいのだ。

「20年間近い実務経験の中でも、この領域に関しては、経験がものを言うところだと言わざるを得ない」

タイラー博士によれば、**不可知の道とは、単なる「ものを知らぬ無知」とは異なる。**中世ではこれを「stulta sapientia」と呼んだ。「**知ある無知（learned ignorance）**」「**愚者の知恵（foolish wisdom）**」という意味だ。ビジネスマネジャーでも、医者でも、看護師でも、精神分析医でも、教師でも、人は選んだ職業のスキルを身につけなければならないが、その一方で、話したがるみずからの口を閉ざしておくことも学ばなければならない。エゴの要求を黙らせて、未知の出現を受け入れるのだ。タイラー博士に言わせれば、いつ口を開き、いつ口を閉ざすべきか判断する才覚が、人と人との接触に意味を生んでいく。

「情報、偽りの知識、専門家とされる人々の狭量な見解であふれる世界において、『知ある無知』を取り戻すべきときがきているのではないか（……）特に、商売、取引、ビジネスという、強いストレスに押し流される世界においては」

6 科学者——逸脱する自由

科学者たる者は、不確実性の中で信念を抱き、不可解の中に喜びを見出さなければならない。疑問を育てていくことを学んでいかなければならない。結果に対する確信は、ほかのどんな方法よりも確実に、実験を台無しにする。

スチュワート・ファイアスタイン（神経科学者）

未知のものに真正面から取り組む仕事といえば、探究と実験を行なう科学の研究こそ、その最たる例だろう。仮説を立て、実験し、新たな発見をしていくにあたって、**知らない**ということが果たす役割は大きい。

オックスフォード大学生命科学の上級科学者ハンス・ホッペは、**知らない**ということと、科学的プロセスとの関係について考察している。

「2010年秋、ある火曜日の午後のことだった。コンピューター画面に表示されたデータを前に、私は途方に暮れていた。いまだに何も出てこない。何週間も見続けているというのに、当時の私の専門的思想の範疇では、そのデータを理解する方法がまったくわからなかった」

タンパク質がみずからの機能を高める方法について、データを既知の理論にあてはめて理解したかったのだが、どう想定しても合致しないのだ。ホッペが調べていたのは、細胞表面受容体にまったく新しい機能が、しかも進化の途中できわめて唐突に出現する理由だった。通常では起きない変化だ。変化の背景に何が介在しているのか。新しい機能がなぜ進化しうるのか。すでに思いつく限りの理論から可能性のありそうな配列を試していた。

この現象を無視することもできた。専門外の観察データの一部として捨て置いて、先へ進むこともできた。だが、その分子はとても重要だったし、新しく興味深い発見に対する興奮も大きく、どうしても手放す気になれない。5年以上の歳月をかけ、3大陸から集まった16人の科学者で構成されるチームで解明に取り組んできたのだ。

「どうしても理由を知りたくて悪戦苦闘した結果、『まだ答えが出ない』という状態から、『私の専門であるタンパク質科学の領域からは、答えは出ないらしい』という発想に至っただけ。きわめてもどかしかった」

もどかしいと同時に、なぜか胸も躍った――と本人は語っている。自分の現在の知識と技術でたどりつけるのはここが限界だと悟り、その知識では届かない未知を目の前にしていると知って、**新しいものを開拓する自由があると感じた**のだ。この発想の転換から、研究の枠組みを完全に入れ替えたところ、重大な発見につながった。このときの経緯を振り返り、**知らない**ということが科学に果たす役割について、ホッペは語っている。

「科学では、未知のものを研究する際、『どこから着手すればいいか』をつきとめることが、ほぼ決定的な意味をもつ場合がある。それなのに私たちは通常、そういう考え方をしない。『自分の知識がどこまでおよぶか』ということに集中している。培ってきた詳細な知識と経験あればこそ、そこまでの観察が可能だったのだから、そう思うのは自然な反応だ。だから、既知の理論を立証するための『空欄を埋める』というアプローチのままで、未知に取り組んでしまう」

既知の理論にあてはめず、既知を修正する方向へ踏み出し、それでもどこにも到達しないなら、既存の理解から全面的に離脱する必要がある。アメリカ人物理学者トーマス・クーンが「**パラダイムシフト**」と名づけた現象だ。

新たな気づきを得るには新鮮な考え方が必要である。そのためには、素材と精神の両面において、人間を縛る固定の制約からある程度の自由が得られなくてはならない。ホッペの考えでは、精神的な縛りのほうが自覚しにくく、捨てにくい。特に、制約となっている知識が、そもそも最初の知見をもたらしてくれた場合、それを捨てるのは困難だ。

「私の研究がそうだったように、**特定の知識の延長線で考えている限り、自由に発想するソリューションは生まれにくい。**古い概念を捨てて新しい概念を探索するのも難しい。プロセスに自由の意識と冒険する権利を与えなければ」

既知を手放し、奇抜すぎて追究できないと思えていた発想に心を開く。個々人がその道を選べるならば、単に「空欄を埋める」だけではない、科学プロセスへの大きな貢献が果たせる。「知識の枠を広げ、それを受け入れて、未知との境界線を新たに引き直したならば、そこからまた同じサイクルが始まってしまう可能性がある。『空欄を埋める』式で未知を研究する態度が戻ってくる――だが、また新たな知見が、また新たな難問を既知の知識につきつけ、その既知を手放して冒険に乗り出す機会をくれる」

科学が単なる知識獲得作業に近づけば、仮説から逸脱する自由など、不要な破壊でしかないだろう。有益なものを追究する科学研究の足を引っ張るだけだ。だが、真の科学進歩に寄与するためには、現時点で予測可能な範囲にあてはめるだけでなく、「水平思考」や「型にはまらない思考」も重視すべきではないか。そうした発想が、未知にぶつかる勇気になるからだ。

7 企業家――「次なる未来」を発見する

定期収入を得ながらいつものデスクワークをする働き方よりも、起業する生き方に可能性があふれる理由は、知らないことと対峙せざるを得ないからだ。リスクに挑み、失敗し、何が起きるかわからずに、足元に寄せる未知の波に踏み込むだけでなく、その海に頭から突っ込んでいく。

レオ・バボータ（『減らす技術　The Power of Less』の著者）

スペインのマドリードにあるＩＥビジネススクールで企業家的経営学を教えるジョセフ・ピストルイ教授に言わせれば、**知らない**という姿勢で臨むのは、「今」と向き合い、それが提示する機会を活用する方法だ。

現代の企業幹部は、自分の専門知識が必ずしも役に立たないシチュエーションに置かれることが増えている。今後もその傾向が続くと覚悟して、斬新なアプローチを採用しなくてはならない──とピストルイは指摘する。**未知の世界でビジネスをしていくなら、過去の経験だけに頼って状況を「把握する」のではなく、目の前に広がるものを「察知する」能力を重視すべきなのだ。**

「それまでの知を手放し、『自分はこれを知らない』ということを許容できるか。これは現代のリーダーシップとマネジメントにおける重要な視点だ」

ビジネスを効果的に進め、未来の機会を発見していくためには、リーダーにそうした視点が求められる。**そもそも企業家精神とは、わからないもの、不確実なものを実現しようという姿勢にほかならない。**不確実で未知なものに、確かな足がかりを積み重ねて、既知のものへと体系的に転換していくプロセス──ピストルイに言わせれば、それが企業家精神に基づいたビジネスのあり方である。

「昨今では、『事業計画ありき』でビジネスをつくるのではなく、解決したい問題が先にあり、そこからビジネスが生まれることも多い。計画策定に労力を注がず、わからないかもしれない問題、もしかしたらわかりえないかもしれない問題の理解に集中するのだ。そうした発想の転換が歓迎されていれば、未知の可能性が開かれる。また、集団でこのプロセスに取り組めば、多様な着想が促され、新たな疑問も生じる。従来のマネジメント・アプローチでは、こうした能力を引き出すことができない」

ピストルイの考えでは、**知らない**という姿勢で臨めば、そこから力が生まれる。固定の起点に立たないからこそあらゆることが可能になる。そのための方法として、ピストルイは「**ネクストセンシング**（**Nextsensing**）」という概念を提唱した。経験を積んだ企業幹部が**知らない**ということに対峙し、未知のものに臆さず取り組むための方法だ。

「ほとんどの組織がステージゲート法（※訳注　プロセスを段階ごとに分け、評価にパスして通過した案だけを次の段階に進ませるやり方）で意思決定をしている。個々のステージは緊密につながっているが、初期の段階では、その連結性が足枷になりかねない。商品開発のプロセスでは、初期ステージを『**ファジー・フロントエンド**（**曖昧な出発点**）』という。私に言わせれば、その曖昧さとは『創造的破壊をもたらすための、決めつけのない状態』のことだ。初期ステージでは、できるだけ意見をぶつけあう。それぞれの知見を交換し、新しい理解を構築することによって、話し合いを前進させる。簡単な作業ではないないだろう。それをシステマチックに行なうのがネクストセンシングのプロセスだ」

ピストルイは、研究を通じて、この創造的破壊がさまざまな形で生じるのを目撃してきた。データに違うパターンが見えてくる、偶然の発見にたどりつく、予想外の出来事が起きる……。この時点では、最初に浮かんできたアイデアにそのまま飛びつかず、事実ではなく仮説として検証していくことが肝心だ。「今、目の前にあるものを、そのままに」理解するように心がけていれば、そこに生じる変化をいちはやく察知できる。目の前と向き合うことで「もしかしたら」という直感がひらめきやすくなるのだ。ビジネスを先へ進める知見は、こうした直感から発生していく。

「目の前」と向き合い、「次」を察知する。ネクストセンシングのプロセスに参加するのは、組織に属する全員の責任だとピストルイは考えている。ひらめきは業務・階級を問わず発生しうるものだからだ。

「成功する組織やチームは、未来の競争優位を発見するために、**知らない**ことを歓迎し、意欲的に取り組んでいる」

芸術、科学、冒険、心理療法、そしてビジネス。あらゆる領域で、**知らない**という姿勢は大きな役割を果たす。前半の章では歴史や過去の出来事を紹介し、**知らない**ことの重要性について考察してきたが、それは現在進行形で有用なのだ。そうした姿勢をどう身につけていくか、PART3で考えていきたい。

PART 3

「ない」を受容する能力

イギリスを代表する詩人、ジョン・キーツは、1817年12月21日に兄弟にあてて書いた書簡で、シェイクスピアがもつ資質について語っている。

「事実があるはず、理屈があるはずと追求するのではなく、不確かなこと、不可解なこと、よくわからないことの中に、ただすっくと立っている力[57]」

キーツはシェイクスピアのその力を愛し、それを「**『ない』を受容する力（ネガティブ・ケイパビリティ）**」と呼んだ。私たちがここまでに紹介してきたエピソードにも、この受容力を備えた人々が登場している。

新しい思考が根づくための空間、精神における余白の部分の必要性を、キーツはぴたりと言い表している。そこは既存の知識、使い古した表現、しみついた先入観から解放された場所だ。しかもキーツの言葉によれば、その空間をつくる――頭の中に「ある」ものを「ない」にする――のは能力《ケイパビリティ》である。スキルである。もって生まれる人もいるが、あとから育てることもできる。ただし自然と育つわけではない。ネガティブ・ケイパビリティを伸ばすには、ポジティブなエネルギー、意識、能力が必要なのだ。

キーツの書簡から1世紀のちに、イギリスの学者ロバート・フレンチとピーター・シンプソンが、この「ネガティブ・ケイパビリティ」という概念をビジネスとリーダーシップの分野にもち込んでいる。**知識、技術、競争力のような、「ある」を追求する能力（ポジティブ・ケイパビリティ）と、沈黙、忍耐、疑い、謙遜のような、「ない」を受容する能力（ネガティブ・ケ**

イパビリティ）を組み合わせたときに、初めて新しい学びと創造の余地を生み出せる――というのがフレンチとシンプソンの見解だ。[58]

知らないという姿勢で向き合うことが成否を決める例は、さまざまな領域で明らかになっている。だが、「知っている」ことを求められる場面、あるいは明確な意思決定をしなければならない場面で、私たちはどのようにして**知らない**姿勢を活かしていけるだろうか。

このあとのセクションでは、**知らない**という姿勢で臨まなければ成功しえない仕事について考察し、そのエッセンスを、**知らない**ことはマイナスのこと、不利益なこととみなされている分野にあてはめて考えていきたい。テーマは「**知らない**」ということの有用性だ。未知の中で生き延び、花開いていくために、「ない」を受容する力が必要である。仕事の世界においては無視されやすいその能力に注目していきたい。

しかしながら、読者に未知とのかかわり方を教える地図をぽんと手渡して終わり、とするようでは本書の主旨に反する。そもそも、**知らない**ことを地図にすることはできない。それは体験することのみ可能なものだ。

著者である私たちも、冒険と発見の精神で、PART3を執筆した。**知らない**という姿勢で対峙することで拓かれる可能性に読者が気づき、それが読者自身の旅の助けとなることを願っている。私たちはネガティブ・ケイパビリティを4つのアクションで整理した――「カップをからっぽにする」「見るために目を閉じる」「闇に飛び込む」「『未知のもの』を楽しむ」だ。

カップをからっぽにする

CHAPTER 6

F O R
T H E
B E
G I N N E R
T H E R E
A R E
M A N Y
P O S S I
B I L I T I E S
B U T
F O R
T H E
EXPERT
THERE
ARE
FEW

初心者には多くの可能性がある。
専門家にはほとんど可能性がない

Based on the writing of
Zen monk and teacher Shunryu Suzuki

禅僧　鈴木俊隆の教えより要約

1 初心に立ち返る
――ムハマド・ユヌスがグラミン銀行を設立できた、たったひとつの理由

ある若いマネジャーが、社長と面談をすることになった。自分の能力に自信があり、入社1年足らずで重要な役職に抜擢された彼は、次の昇進のために何が必要か聞き出したいと考えた。さらに上へとすぐにキャリアアップしたかったのだ。

社長は彼をオフィスに招き入れ、コーヒーはどうかと勧めた。「はい、いただきます」という返事もそこそこに、マネジャーは自分の業績とビジネス知識を披露しはじめた。いい印象を与えたかったのだ。その間、社長はマネジャーの手にもたせたカップにコーヒーを注いでいたのだが、ただ延々と注ぎつづけ、ついにコーヒーがあふれてカーペットにこぼれた。

若いマネジャーは驚き、「何をなさっているんです?」と言った。「もうカップはいっぱいなのに、どうして注ぎつづけるんです?」

すると社長は答えた。「きみのカップがいっぱいで、この面談から何も学ぼうとしていない

からだよ」

禅の修行では、**知らない**という姿勢で対峙することを「初心」と呼び、その大切さを強調している。専門家は対象をよく知っていると思い、その先入観があるゆえに、新しい可能性が見えない。だが初心者は新鮮でバイアスのかからない目で物事を見る。初心で臨むというのは、先に根づいた考え、解釈、決めつけをもたずに人生と出会う力をもつことだ。

頭が考えでいっぱいになっていれば、新たな学びを招き入れることも、目の前に生じた現実をそのまま受け入れることもできない。**これまで培った経験や知恵を捨てろという意味ではないが、それを新鮮な視点をふさぐ壁にしてはいけない**のだ。

成功すればするほど、「自分はすでに知っている」と思いたい誘惑も強くなる。だが、プロジェクトは一つひとつ違うし、直面する問題も一つひとつ違うのだから、新しい課題に対して以前に見たものと同じ対処を試み、実践済みの既知の解決策をあてはめても、奏功するとは限らない。

2012年、国際会議ワン・ヤング・ワールド・サミットの講演で、ノーベル平和賞受賞者のムハマド・ユヌスがグラミン銀行設立の経緯について語った。グラミン銀行とは、コミュニティ開発を目的として融資を行なうマイクロファイナンス機関で、ユヌス本人とともにノーベル平和賞を受賞している。ユヌスにとって有利だったのは、銀行について何も知らなかったことだった。むしろ銀行業務について何か知っていたならば、そもそも低金利融資というプロジェクトに乗り出さなかっただろう、と話している。[59]

「**知らない**という前提で臨むことが、むしろメリットとなるときもあるのです。オープンになります。規則や手続きを心配せずに取り組むことができます。（……）規則や手続きが必要になるたび、一般の銀行のやり方を調べなければなりませんでしたが、それを勉強したら、あえて反対をやってみました。普通の銀行は富裕層をねらいますが、私が対象としたのは貧困層です。普通の銀行は男性を相手にしますが、私は女性を相手にします。普通の銀行は金持ちによって経営されていますが、グラミン銀行を経営するのは貧しい人々です。**私は、何も知らなかったからこそ、挑戦できたのです**」

ユヌスは若き起業家にこんなアドバイスを送っている。

「何かを知らなくても、恐れてはいけません。何かをするためには相当に賢くなければ、と思うことはありません。私たちのような愚直な人間が、何かをなし、動かしていくのです」[60]

ロンドン・スクール・オブ・エコノミクス・イノベーションラボの副所長で、起業家支援コミュニティ「サンドボックス・ネットワーク」の共同創立者でもあるクリスティアン・ブッシュによると、実物としての銀行機関がないという背景から、昨今のマイクロクレジット（低金利融資）、モバイルバンキング、マイクロセービング（少額貯金）といった興味深いイノベーションが生まれてきた。もともとないのだから、組織の先入観を捨てる必要もなかった。進め方について固定観念がなかった。「**わからないという思考回路（don't know mindset）**」は、それまでの経緯や手法に依存しないイノベーションの引き金を引いたのである。

ブッシュの指摘によれば、昨今のイノベーションの多くは、リソースが限られた環境から生まれている。商品、サービス、ビジネスモデルに対する既成概念がない、あるいはコスト面からそうした既成概念に手が届かず類似の手法を検討せざるを得ない環境だ。

たとえばケニヤでは、携帯電話の通話時間を友人や家族に移行するという仕組みが、従来の銀行サービスにかわるものとして成立している。「銀行まで行くのが難しかったり、銀行を利用する余裕がなかったりする国で、優れたＡＴＭのデザインを考えても意味がない。そうした発想に縛られるのではなく、別の角度から課題を考えるのだ。

第１に、携帯電話をもっている。

第２に、〝移行〟できる価値がある（通話時間、そしてお金）。

第３に、一般的な銀行業務のほとんどをそぎおとした送金プラットフォームをつくる。

『知らない、わからない』であれ、『使えない』であれ、条件が整っていない――銀行機関がないなど――か、あるいは、それを利用できない環境から、イノベーションが生じる」

合気道の創始者、植芝盛平は、85歳でこの世を去る前に、自分の死に装束には白帯を締めるよう指示していた。白は初心者を示す帯だ。合気道の上級師範となった者の大半が、あえて初歩を教えるのも、同じ発想である。初心者のいる場にみずからを置くことを意識的に選ぶのだ。私たちも意識して初心に返り、新たな学びと成長の場を開くことができるはずではないか。

「わからないという思考回路」は、東洋の伝統の根幹をなす概念だ。意味するところは単純で、**「状況を先入観で判断しない」**ということ。柔術においては、敵に対する事前知識で勝敗を想定しない。相手が強そうに見えても弱そうに見えても、その判断は間違っているかもしれないと認めて、決めつけずに心を開く。勝つと期待して臨み、結果的にマットに沈められるよりも、「どんな展開もありうる」という考えで試合に臨むほうがよいというわけだ。

ビジネスの競争戦略においても、企業が弱く見える、小さく見える、製品が劣っているように見えるという理由だけで、市場の勝者をあらかじめ判定することはできない。その点を肝に銘じて、競合他社が有利なポジションとなる場合、不利なポジションとなる場合、そして自社が有利・不利になる場合も想定して戦略を立てるべきなのだ。

ビジネスに携わる者は、分析によって競合他社の勝敗を予測し、その分析を疑わない。だが、「わからないという思考回路」――「わからないという戦略」といってもいい――では、勝つ可能性と負ける可能性を同時に想定する。両方の結果に向けて準備をして、両方の場合のメリットとリスクに対処する。ライバルがこちらの事業をしのぐ、あるいは叩きつぶすという可能性も排除しない。今は視界に入ってもいないライバルが突如として出現する可能性も覚悟するのである。

NEW LEARNING

THO

OPEN UP FOR

2 コントロールを捨てて信頼する

組織構造を捨て、役職や肩書を捨て、それぞれが自分で自分の給料、労働時間、休暇を決めていいことにしたら、どうなるだろうか。コントロールするのではなく、信頼の基盤をつくるとしたら、どうなるだろう?

スコットランドのエネルギー企業ウッド・グループの子会社、南米コロンビアのエナジェティコスで社長を務めるピーター・キングは、まさにこのとおりの試みを実行に移した。2004年の同社は赤字決算だったが、その後2012年までに社員数が60人から1050人に成長し、年間売上高も400万米ドルから5600万米ドルに伸びた。財務的にプラスとなっただけでなく、職場がエネルギーに満ちた活気ある場となった。

この変容が実現したカギは、トップがコントロールするのをやめ、統率と決定を現場に委譲したことにあった。性悪説を捨て、**「決定権と目的意識と責任を与えれば人は本来もっている真のモチベーションを発揮する」と信じた**のである。

キングがエナジェティコス社代表取締役となったのは2003年6月。社長業は初めてだった。当時のエナジェティコスはほとんど利益が出ず、2004年は30万米ドルの赤字だった。社員数がわずか60人の小さな会社にとって、これは大きすぎる損失だ。姉妹会社だったウッド・グループに身売りして何とか生命線をつなぎつつも、キングは、もはや場当たり的にやっていく余裕はないと判断した。状況を抜本的に変えなければならない。ちょうどこの頃、ブラジル人CEO、リカルド・セムラーの著書『セムラーイズム　全員参加の経営革命』（ソフトバンククリエイティブ）を読み、社員に権限を与えるという斬新な手法で会社を転換させたセムラーの手法を知る。「会社とはこうあるべきではないか」とキングは感じた――企業は信頼のもとに築かれるべきではないか、と。

「そこで早起きして7時前にオフィスに行き、会社の『マニュアル』を執筆しはじめた。9時までかかって書き終えた。写真サイズの用紙で数ページという、ささやかな文書だ。不安と興奮の両方を感じながら、その小冊子をスタッフに配った。本社の承認はとらなかった」

彼がエナジェティコスで始めた変革の根幹にあったのは、**信頼と責任の意識があれば人間はよりよく働ける**、という信念だった。

「以前、秘書が書類を作成してくれたとき、内容も読まず署名をした。『ありがとう』とだけ言って。すると秘書はびっくりして『読まないんですか？』と言った。『読まないよ』と私。その後、秘書が別の書類を作成したときも、読まずに署名した。人を監視せず、そして監視していないことが相手に伝わっていると、その相手は自分の仕事を意識してしっかりやるようになる」

キングは、経営陣の給料を含め、すべてを社員に公開した。社内はしばらくざわついたが、やがてそれが普通になった。次に、社員に自分の給料を自分で決めさせることにした。2011年当時の工程技師は70人で、全員が給料に不満を抱いていた。そこで予算内訳をつまびらかにし、会社の財務状況を包み隠さず説明し、競合他社と比較した役職の給料水準を示したうえで、責任構造と給料体系を自主的に決めるよう求めたのだ。

社員はそれを実践した。これはきわめて困難な作業で、時間がかなりかかったが、最終的にそれぞれの能力をしっかり発揮できる優れた責任・給料体系が完成した。

「責任をゆだねると同時に、きみたちが決めたことは必ず尊重すると約束した。仮に私にとっては賛同できない案だったり、私には愚かな選択だと思えたとしても、必ず尊重すると。約束を守り、心からの信頼を示すことが重要だったのだ。こちらが包み隠さず開示すれば、彼らは決して愚かな選択はしない。こうした場面を積み重ねて、私は人間に対する信頼を深めた。信頼され、責任をゆだねられていれば、人間は圧倒的にベストを尽くせるものなのだ」

社内では50代から60代のベテランエンジニアが指導者の役割を担い、若いスタッフにエナジエティコスでの経験を教えた。若いスタッフも彼らを頼りにして、サポートやアドバイスを求めた。さらに社内で「エナジェティコス学校」という学習システムが設立され、朝7時から9時の時間を使い、意見交換や経験の共有をすることにした。超過勤務手当はつかない。純粋な学習意欲から立ち上げられた勉強会だった。経営陣がこの勉強会の存在に気づいたのも、始まって3カ月も経ってからのこと。掲示板に勉強会の通知が貼ってあったのがきっかけだった。キングは、このとき感じた満足感を、今もありありと記憶している。トップダウンの指導がなくても社員が自主的に活動をしている様子を知り、感銘を受けたのだ。

とはいえ、信頼を基盤とする文化が育っても、困難な判断を下す場面がなくなったわけではない。あるとき、資金繰りに行き詰まり、社員を解雇せざるを得ない事態に陥った。

「それまでに築き上げた原則を守ることにした。社員を10人ずつ集めて、マネジャーが会社の状況を率直に説明した。全員が理解を示した――金曜の午後にクビを通告するのではなく、転職先を探すための2週間から3週間の猶予を作ったことを、肯定的に評価してくれた。解雇した人々は『業績が好転したらまっさきに雇い直すべき人材』のリストに入れた。社員をビジネスのパートナーとみなして、敬意をもって接した」

キングは、**知らない**という姿勢で向き合うことについて、こう語っている。

「きっとほかにも道があると想定して、みんなでアイデアを探る。坑道は一度探索して終わりではない。私はこのやり方を本当に大切にしている」

この理念が、キングのリーダーシップ・アプローチを特徴づけていたのである。

キングは社員に自主性を与え、責任をゆだねることで苦境を乗り切った。**コントロールを手放し、人々の能力を信頼することで、現場の人々が試練と向き合う文化が生まれていた。**もう上層部の解決に頼り切りになる者などいなかった。

ロンドンのウェストミンスター・ビジネススクール経営学教授ヴラトカ・フルピッチは、従来型の「指揮統制型アプローチ」から「協調型アプローチ」へ転換した組織の研究を専門としている。[61]その研究によると、**得意分野に基づいた人事配置を自主的に決めさせ、新しいアイデアを試していく自由を与えると、社員が意欲とモチベーションをもって取り組むだけでなく、組織全体の業績にも大きくプラスの効果が見られる。**逆説的に思えるが、トップがコントロールとパワーを手放すことで、事態が解決・達成されて、さらに力強い組織になっていくのだ。

キングの例で参考にしたいのは、段階的に進めるという発想だ。キングはコントロールを一気に放棄したわけではなかった。そんなことをしたら現場は見通しがつかずに不安がつのる。管理から信頼へと徐々に移行し、社員が少しずつ大きな責任を担えるようにしていったのだ。

コントロールを手放し、現状と向き合う意欲。それは**知らない**という姿勢で対峙する力だ。専門知識は大事だが、自分が無力であるという事実もまた、同じように重要である。それは投げやりではなく謙虚な心から生じる。自分の専門知識の限界を認め、既知の境界線の向こうに踏み出すことで開ける可能性に目を向けるのである。

CONTRUST

3
「手放す」というプロセス

しがみつくことで、私たちは、守りたいものを破壊してしまいます。
手放すことで、そのままを認めるという安心を得られるのです。

マーガレット・ウィートリー（リーダーシップ・コンサルタント）

芸術家イヴ・クラインによる写真「虚空への跳躍（Leap Into the Void）」は、塀の上から数フィート下の路面へ身を投げるという、大けが間違いないダイブ決行の瞬間を切り取った印象的な作品である。空中に身を投げているクラインは笑顔だ。武術の訓練を積んだ彼は、地面に落ちてもけがをしない方法を心得ている。とはいえ、成功するか失敗するか大きく分かれる空間に飛び出す姿は、見る者に衝撃を与える。安全な足場を離れて「地に足のつかない」体験をする、その瞬間を表現した強烈なメタファーだ。

ここまでの章で見てきたように、組織やチームは、リーダーとなる人間に期待をかける。私たちの誰にでもしみついた習性だ。既知と未知との境界線に立たされ、不安で混乱しているときは、つい権威者との依存的関係性に逃げ込みたくなる。権威者が責任を引き取り、状況を整理して、庇護してくれることを望む。いつものやり方が通用しなくなったとき、未経験の状況に踏み込んだとき、私たちは権威者が**知らない**姿勢でいることを許そうとしない。

しかし、未知の領域に踏み込もうと思うなら、そうした期待のあり方を変える必要がある。前項のエナジェティコス社のピーター・キングは、社員が自主的に目標を定め、その目標に向かって責任を担う文化をつくり出した。トップがすべての解決策を出せるわけではないと認めて、社員がそれぞれのアプローチで判断していく余地を提供した。

方向性をはっきり提示しないのは確かにリスキーではあるが、同時に、より多くの学びと創造性の場も開かれるのだ。２００９年に、アメリカのケンタッキー州ルイビル大学とＭＩＴ脳認知科学科の科学者が合同で行なった研究では、3歳から6歳の子ども48人を対象に、さまざまな機能をもった玩具を見せるという実験をした。キーキーと音を出す、メロディを奏でる、絵を映し出すなど、ひとつの玩具で何種類もの遊び方ができる。一部の子どもには、遊ばせる前に1種類の機能を紹介した。残りの子どもには、何も情報を見せずに玩具を渡した。すると後者の子どもたちのほうが長く遊びつづけ、平均6種類の機能を見つけていたのに対し、遊び方を聞かされた子どもらが見つけた機能はわずか4種類だった。

カリフォルニア大学バークレー校で行なわれた類似の実験でも、**説明を受けなかった子どものほうが、斬新な問題解決方法を思いつきやすい**という結果が出ている。心理学教授アリソン・ゴプニックの表現によれば、ロボットに指令をプログラミングすると予期せぬ事態に対してフリーズしてしまうのに対し、多くの選択肢を与えて失敗から学ぶことを奨励していれば、新しいチャレンジにも応えられるのである。[62]

だからこそリーダーとなる者は、昔からリーダーたる者が背負ってきた知識と統率の「幻想」を、意識的に打破していかなければならない。それはリーダーの試練だが、試練をひとりで解決できないときは、周囲を巻き込み、動かして、問題を一緒に解決していくよう、手を借りる必要がある。

方向を示し、すぐさま答えを教え、問題を解決するという役割を安易に引き受けることだけが、リーダーの手法ではないはずだ。口を出さずにいれば、やってみよう、任せてほしい、と言い出す者がいるかもしれない。お互いに意見を述べ、見解を共有してみれば、新たな創造性も生じてくるだろう。どう思うべきか、何が起きるべきかを決めつけずにいれば、それまでとは違う方向へ議論を発展させられる。

マサチューセッツ州ケンブリッジにあるプレゼンシング・インスティテュートの組織学習コンサルタント、ベス・ジェンダノアは、15年以上にわたり、多くの組織改革プロジェクトが計画どおりに進まない様子を目にしてきた。彼女はその経験を踏まえて、「手放す（letting go）」というプロセスを推奨している。

なかでもひとつ、ジェンダノアにとって忘れられない経験がある。グローバルに展開するテクノロジー企業のコンサルティングを引き受けたときのこと。その会社は何十年も業界を牽引する立場にあったのだが、近年は競争優位性を失いつつあった。新しい機敏な競合他社が市場シェアを奪いはじめていたのだ。何とか革新的なアイデアを出さなくてはならない。「これまでどおり、型どおり」から大きく舵を切る方法を見つけなければならない。

ビジネス転換の責任を全員で担うべく、経営陣はリスキーな試みに挑戦した。通常は非公開としている戦略策定のプロセスを社内に公開し、各部門の方向性や進め方について130人の社員から意見を求め、意思決定に関与させることにしたのだ。このような試みは創業以来初めてだった。社員全員を会社の未来を決める計画に参加させるのだ。

経営陣は、社員の意見が特に重要であることをはっきりと伝えた。これからの仕事のあり方、組織としての顧客や取引先との関係、意思決定の進め方は、社員の意見で決まっていくのだ、と。

全体会議は3回開かれた。ジェンダノアはコンサルタントとして、チームとともに会議の進行準備をした。ところが、最終採択が行なわれる3回目の会議の2日前に現地に入ったところ、クライアントである担当者から、驚くべき報告を受けた。2回目の会議後に経営陣よりもさらに上から通告があり、いくつかの重要事項について前倒しで決定するよう指示されたのだという。これは社員と約束した締切の反故を意味する。戦略策定の参加者から最終的な意見を聞かずに、重要な決定を下すことになる。担当者の説明によれば、噂が広がり、多くの社員が激怒していた。社員を関与させると約束したのに、裏切ったと感じたからだ。ジェンダノアが、このときの気持ちを語っている。

「予想外の展開で、このままでは失敗すると思いました。社員の怒りも手にとるように想像できました。でも、これは**知らない**という姿勢で対峙すべき場面だと思ったんです。今こそ冷静さを失わず、既存のやり方に頼らない能力やリソースを活用しなければ。私たちはコンサルティング・チームとして、帽子からウサギを取り出さなくてはなりません。まったく新しいことを引き出す方法を探すのです。用意しておいた案は手放して、この裏切り行為と見られる事態の対処方法を考えなければなりません。しかも、信頼と約束を再構築できる方法でなくては」

そこでチームは、会議をあえて進めないという決断をした。議題を棚上げにして、社員と経営陣の相互理解を優先したのである。社員側は、経営陣がとった行動の理由を知る。経営陣は、社員側がそれをどう解釈したか、耳を傾ける。会議の方針が決まると創造的な発想もわいてきた。コンサルティング・チームは、会議に2脚の背の高い脚立を用意した。ひとつは経営陣用。質問に答え、事情を説明しながら、この脚立をのぼる。もうひとつは社員用。それに対する意見を言いながら、脚立をのぼる。

いざ会議が始まると、室内には緊迫した空気がはっきりと感じられた。チームは経営陣と社員からそれぞれひとりを選び、全体の前で意見や気持ちを発表させた。経営陣が感じている危機感とプレッシャーを語り、社員が今回の出来事に対する見解を明らかにしているあいだ、室内は沈黙に包まれていた。どういう考えでそんな行動をしたのか、どんな結論を引き出したのか、どんな信念のもとで仕事をしているのか、二人は答えるたびにそれぞれ脚立を1段ずつのぼる。会議参加者は彼らの意見を復唱するという形で、脚立のぼりに加わった。

こんな話し合いのプロセスを進めるうちに、双方が善意と誤解のもとに動いていたことが、全員の目にはっきりと浮かび上がってきた。会議の雰囲気は歴然と変わった。損なわれた信頼が取り戻され、深まった。経営陣と社員を真っ向からぶつかり合わせたことで、むしろそこから新たな対策を立てるという方向に向かいはじめたのだ。

「私たちコンサルティング・チームが学んだのは、**手放すことの重要性**でした。議題に固執せず、現状に向き合うのです。私たち自身、失敗するのではないかと不安でしたが、どうなるかわからない展開を選びました。この混乱はむしろ僥倖でした。おかげで、先が見えなくても困難に向き合う筋肉を新たにつけられたからです」

　プロセスを管理し、特定の結果を導くことだけが、戦略ではない。あえて退き、目の前の状況に注意を向けるのも戦略のひとつだ。立てた計画に固執せず、現状を話し合うこともできるはずだ。そのために必要なのは、口に出されていない意見を引き出し、お互いに聞き合うこと。黙っていれば何も変わらないように見えることでも、声として出てくれば、はっきりしてくる。対話を通じて取り組んでいくことができる。

　ただし、注意してほしい。「手放す」ことが重要だとはいっても、**何を手放すか、慎重に決める必要がある**。自分の主体性や能力を心配する気持ちは複雑な心情だ。いっそのこと既知のものを何もかも捨てたくなってしまうかもしれない。

　あるコンサルタントの女性は、自分にとって初めての役割を担い、新たなスキルと専門知識が必要となったとき、それまでのキャリアをつくってきたスキルや知識がすべて役立たなくなったと感じた。経営や戦略など、過去のポジションで学んだ分野は、どれもこれも無用になったと思い込んだ。だからといって多くを捨てすぎた、自分の知識を信じることすらやめてしまっていた――と悟ったのは、あとになってからのことだった。彼女はむしろ知識を広げる自信や能力を失っていた。

4 「わかりません」と言ってみる

無知であること、不確かであること、二面性があることを認めたら、掲げた看板は下ろさなければならない。題字に記された名前も、割り当てられた講演も、答えを待ち望む観衆の期待に満ちた目も、すべてわかっていますと満面の笑顔をはりつけた次なる識者に譲り渡すのだ。

ティム・クレイダー（エッセイスト、漫画家）

知らないということは、なぜこれほど難しいのだろう。不確実な状況で前に進まなければならないなら、私たちは境界線をまたがなければならない。フィニステレ岬の先端から1歩踏み出さなければならない。その方法はひとつ。「私にはわかりません」という、単純だが、おそろしく困難な宣言をするのだ。

ソクラテスより賢い人間がいるのか——デルフォイの神殿で、ソクラテスの弟子カイレフォンがおうかがいを立てた。返ってきた答えは、「アテナイにソクラテスより賢い人間はひとりもいない」。これを聞いたソクラテスは受け入れがたいと感じた。自分のようなおおいに無知なる人間が、すべての人間の中で最も賢いなどということが、なぜありえるのか。パラドックスを解決すべく、政治家、詩人、その他の知識人と議論を重ねるうちに、彼らが知識と知恵をもっているふりをしていることに気づく。ソクラテスは、神託は正しいと悟った。その他の人々と違って、ソクラテスにはひとつの知がある、だから他者より賢いのである、と。

「私は私が無知であると知っている」

自分がものを知らぬということを、私たちは受け入れられるだろうか。自覚し、認めて、「わかりません、知りません」と言えるだろうか。

上司が「データを見て、この方策で売上があがるとわかった」と言ったとき、「ここは新しい市場ですから、そうは確信できません。さまざまなことを試してみましょう」と言う。あるいは、会議の進捗がさっぱり見えず、誰もが身が入らず、理解したふりで賛意を示しているときに、「私にはまだ判断がつきません。もう少しつきつめて話し合いませんか」と言う。

どちらも気まずい行為だ。特に自分が周囲を導く立場にあるときや、重要な意思決定をする立場にあるときは、「わからない」とは言いにくい。ユーロスター社CEOのニコラス・ペドロヴィックは、「漠然としたものに対応できないマネジャーは、『状況しだい』としか言えない場面に置かれると、途方に暮れてしまう」と指摘している。

周囲が自分に答えを期待しているとき、答えを知らないのは、つらいものだ。アメリカ人のエッセイスト・漫画家のティム・クレイダーは、ジャーナリストとして直面するジレンマについて、こんなふうに語った。

「どんな媒体であっても、論説委員やコメンテーターたる者は、『わかりません』と言うべきではないとされている。

『気候変動についてはよくわからないので、ろくな意見を言えません』

『イスラエルとパレスチナの紛争のことは、あまり理解していません。正直に言えばその話を聞くのも飽きました』

こういう台詞は、言ってはいけない台詞なのだ[63]」

ビジネスにおけるネガティブ・ケイパビリティの重要性を主張する学者、ロバート・フレンチとピーター・シンプソンは、イギリスの精神分析医ウィルフレッド・ビオンを引き合いに出しつつ、「**無知の空間を無理やり知識で埋めたい誘惑に抵抗できるのなら、新しいアイデア、考え、気づきを生み出せる**」という旨を主張している。[64]

だからといってすべてを忘れろというわけではない。知っていることを否定せよというわけでもない。そうではなく、自分の知識や発想を軽やかに保つのだ。ビオンは、人には「複眼の視点(binocular vision)」が必要であると語っている。知っていることと、知らないことに、同時に焦点を置くのだ。

スペインの経験豊かな科学者、フランシス・ペレスの話を紹介しよう。彼女は先日、科学研究を主体とする製薬会社から、スイスの観光会社に転職した。新しい職場では、それまで親しんできたアプローチ——**知らない**という姿勢で臨むアプローチが受け入れられていなかった。

「**科学者にとって、『わかりません』は、『私は自信があります』と同義語です。**自信がない人間だけが、知っているふりをする必要があるのですから。『わかりません』は、『私を信じて大丈夫です』という台詞とも同義語です。自分の知っていることと知らないことを、必ず区別して話します、という意味なのですから」

ところがビジネスの世界では、こうした台詞がまったく違う意味をもつ。急速に変化する業界で、自分の意見が業績に直接的影響を与える立場で働くことになった彼女は、その事実をすぐに痛感した。今求められているのは、基本的に、何かを確実に断言することなのだ。

「新しい環境で、『わかりません』と言うのは、『私はこの仕事にふさわしくありません』と言うのと同じでした」

人生で初めて、知らないということを許されない状況に置かれた彼女は、何かミスをしてクビになるのではないかと怯えながら働いた。数カ月か経ってようやく新しい環境に適応し、**知らない**という前提で向き合う内面的な姿勢と、知っていなければならないという外からのプレッシャーのバランスがとれるようになっていった。

ものを知らないと認める行為はリスクをはらむ。だが同時に、周囲と絆の意識を育てるものでもある。弱みをさらし、謙虚になることで、ともに働く者同士の距離を縮めるのだ。そうすれば力を合わせて問題を解決に臨むことができる。ともに大きな試練にも向き合っていれば、権力の差や階層構造は重要ではなくなる。

国際的な乳製品会社の元シニア・セールスマネジャー、グレン・フェルナンデスが、新しく再編された組織を率いる立場になった経験を語っている。

「ビジネス戦略が変わり、チームメンバーはそれまでの仕事の半分を失いました。そんな彼らをどうまとめていけばいいか、わかりませんでした。以前は好成績のチームだったのに、やる気も目的意識を失って、ぼんやりしていました。先行き不透明な状態で部下を率いるのは難しいものです。しかも、私に目をかけてくれていた幹部が退職して、頼れる人がいませんでした。私は不安で、チームとの向き合い方がさっぱりわかりませんでした」

ある日フェルナンデスはチームを社外に連れ出して、話し合いの場をもつことにした。2日間の社外研修で、思い切って自身の不安を打ち明け、〝指示待ち人間〟になっていたと白状したのである。現況にどう対応したらいいかわからない。わかることよりわからないことばかりだ……。チームに弱みを見せるのは初めてだったので、フェルナンデスはひどく緊張した。会社はトップダウンで細かく管理する社風で、上司からそんな告白を聞いた経験もなかった。

「伝えたかったのは、『私はきみたちを信頼している。尊重している』というメッセージです。チームはそれを受け取ってくれました。私の告白を受けて、残りのメンバーにも、本音を話そうという空気が生まれました。みんな、会社の変化に同じような気持ちを抱いていたんです。不安や疑いを共有して、チームは力を取り戻しました。**『どうしたらいいか私はわからない』と発言する行為で、地面にローラーをかけるように、足場がしっかりしたんです**」。

「わからない」と口に出せば、「ここでは既存の知識が手引きになりません」とはっきり伝える信号になる。自分も、そして相手も、ほかの道を探し初心に立ち返ることができる。知識や能力の限界を認めるというのは、自分を大きく解放することなのだ。

哲学者のジャン＝ジャック・ルソーは『エミール』という作品で、こう書いた。

「『わからない』という言葉が、私たち自身になる」

5 疑いを楽しむ

完全に信じつつ、同時に疑いをもつことは、決して矛盾ではない。それは真実に対するおおいなる敬意を前提としている。真実は常に、そのとき言葉や行動になりうるものの先を行くのだ、と認識している。

ロロ・メイ（実存心理学者）

『もっといい会社、もっといい人生 新しい資本主義社会のかたち』（河出書房新社）などの著書があるチャールズ・ハンディは1932年生まれ、齢80歳を超えている。アメリカがドラッカーなら、イギリスではハンディが経営学の権威である。本人は「社会哲学者」と名乗っている。

そのハンディが、ロンドン・ビジネス・スクールでの会議の思い出を話してくれたことがある。講師から教授へ昇格する人材を選ぶ会議で、候補者がひとりいたのだが、適性に欠けることは誰もが承知していた。だが、具体的に何が足りないのか、誰もはっきりと指摘できない。

すると誰かがこう言った。「彼の問題は、謙虚な疑いの目をもとうとしないことだ」。「確かだと断言する人間は信用できない」と、ハンディは語る。「謙虚な疑いの目をもつのは悪いことではない。先行きの見えない手探りのときに、きっと大丈夫になると信じるからこそ、疑うこともできるのだから」

ハンディは、中世イギリスの神学者の言葉を引き合いに出した。ノリッジのジュリアンと呼ばれ、『神の愛の啓示』（大学教育出版）という著書を書いた彼女は「すべてはきっとうまくいく、あらゆることはきっとうまくいく」と言った。今も親しまれているこの言葉は、私たちに大きな希望を感じさせる——たとえ今は理解もできず、たとえ不確実の海で混乱していようとも、しまいにはきっと大丈夫なのだ、と。

既存の知識に依存していると、往々にして足をすくわれる。新しい情報が来たときが特に危ない。**真に優れた学者、真に優れたリーダーならば、既存の知識を「疑う」という行為を楽しむ。**新しい発見に目を開き、**知らない**という姿勢で向き合う「すきま」をつくり出す。

自分が世界を見ているレンズは主観的でゆがんでいると認め、決めつけずに問いかけていく習慣をもつのは、リーダーとなる者に欠かせないスキルだ。よりよい判断をする助けになる。どんな結果に対しても問いかける心をもっていれば、他人の異なる見解を聞き、複雑な課題にも新たな視点を取り入れることができる。

世界経済フォーラムの元チーフ・ヒューマンリソース・オフィサーで、社会貢献団体サーキュラー・ソサエティを創立したカルステン・スドホフが、人生を大きく変えた分岐点について語っている。世界経済フォーラムの世界的議題を話し合う年次サミットのため、アラブ首長国連邦の都市ドバイに赴いたときのことだ。

「この国の雰囲気、灼熱の気温、そして熱い議論のせいか、ふと深い問いが浮かびあがってきた。リーダーシップが――もしくは、リーダーシップの欠如が、社会が直面している大きな問題の唯一の原因なのだろうか。それとも、社会全体のアンバランスさのほうが、リーダーシップに影響を与えるのだろうか。複雑さと曖昧さに支配され、環境と社会と経済が明らかにつながりあった世界で、一つひとつの成功を個別に切り取って眺めていていいのだろうか」

火急の問題の多くは、それ単独ではなく、他との相互連結性を念頭に置いて考えれば解決できるのではないか――スドホフはそう仮説を立てた。正しいという確信はなかったが、「すべては相互につながっている」という発想をリーダーシップや社会発展の領域にもち込むというコンセプトは、非常に魅力的だった。

「その夜は眠れなかった。頭の中でたくさんの疑問がうずまいていた。この仮説が正しいとして、それでどうやって社会変革を導けるだろうか。私はこれをどう進めるべきだろうか。それとも、青臭いことを考えているだけなのだろうか」

スイスに戻ったスドホフは、紙を１枚用意して、ビジョンの下書きを始めた。要職に就いてきた経験から戦略の文書化は得意だったのだが、すぐに、今回はいつものようにはいかないと悟った。今回書こうとしているのは、組織としてではなく人としての夢だ。よりよい世界、人や組織が他者を助けながら成功していく世界の構想だ。

「1行書くごとに、はっきりしない範囲が広がった。1章書き終えるごとに、答えのわからない疑問が増えた。疑いの気持ちは揺るがしがたくそこにあった。おそろしくなると同時にエネルギーを感じた」

これは単なるひとつのプロジェクトではない。自分の夢だ。使命だ。実現するためには、おそらく世界経済フォーラムでの役割を手放さなければならない。疑いはスドホフを苦しめた。

「私には、起業家として必要な資質が備わっているのか。創造性や忍耐力なら実績がある。だが、それで十分だろうか。さまざまな組織環境で成功してきた。だが、組織のサポートなしで、自分だけでも生き残っていけるだろうか。

この道で生計を立てていけるだろうか」

心を開き、起業家の友人たちに相談しているうちに、感じている不安と、自分への疑いの気持ちが、その状況では誰もが抱く普通で健全なものであると理解した。

「友人たちは必ずしも私の疑問に答えられるわけではなかったが、彼らとの議論を通じて、問題を整理することができた。守るべき完璧なシナリオなど、そもそもなかったのだ」

スドホフは世界経済フォーラムを離れ、サーキュラー・ソサエティを設立した。個人および社会全体の生に対する意識を向上すべく、新しい考え方と行動を推進していく社会事業である。

疑うことは可能性への入り口だ。

疑いの気持ちがあると認めれば、それは、学びと創造に対してフレキシブルでオープンな姿勢を示すことになる。これを「自分というものが欠如している」と勘違いしていけない。疑いの気持ちを認めるのは弱さだと決めつけると、**知らない**でいるのは難しくなる。私たちは、自分の不確かな部分を他人に見られるのをいやがる――自信のなさが露呈すれば信頼を失うだろうと思うからだ。それを想像するときにわきあがってくる心情が、何とも不快だからだ。

最近刊行された伝記によれば、元アメリカ大統領ジョージ・W・ブッシュはイラク戦争について世間には揺るがぬ確信を見せていたにもかかわらず、実は裏で疑いの気持ちを見せていたという。その疑いを公に認められなかった要因は、「リーダーが信頼され、真剣に受け止められるためには、確信を見せていなければならない」という、彼自身の見解だった。

6 抵抗感と向き合う

先の章に登場したビジネスコンサルタントのニック・ウィリアムス（120ページ）は、初めて出版契約書を受け取ったとき、心の中のわきおこる強い抵抗感に苦しんだ。執筆の仕事などできるはずがない、成功するわけがない、という声が内側から聞こえてくるのだ。だが、それと同時に、もうひとつ別の声も聞こえていた。その声は小さいながらもこう言っていた。

「おまえは書くために生まれてきたんだ。必ずできる」

ウィリアムスは、契約書の書類を置きっぱなしにして、しばし内なる抵抗感に寄りそってみることにした。そうすると、むしろ好奇心と疑問がわいてきた。自分はいったい何を恐れているのか。心の奥底をのぞき、クリスマスにペンをねだった8歳のときの夢や志を思い出した。

「魂に声があるかどうかはわかりません。でもそのときは、魂が一生懸命に叫んでいると感じたんです。『本を書こう！　ずっとやりたかったことじゃないか！　何のためにここまで来たんだ！』」

数日後、ウィリアムスは契約書にサインをした。抵抗感は消えたわけではなかったが、心の中を見つめ直しているうちに、自分が本当にやりたい仕事はこれだと確信したのだ。彼は抵抗感にのっとられず、寄りそう方法を学んでいた。

覚悟を決めて契約書にサインした瞬間、ひらめきへの扉が開かれた。それから3カ月、毎日最低3時間、ときには13時間も執筆に専念した。1999年1月に迎えた締切の日には、束を抱えきれないほどの原稿が書き上がっていた。本は1999年9月に出版されてベストセラーになった。

「未知のものを恐れる必要はないと学びました。未知は常に機会と可能性をはらんでいるのですから。自分の心に賭けてみればいいんです。リスクにチャレンジして、真の自分を見つけ、自分にできることを見つけるのです」

学んだことはほかにもあった。ときには、人生における大きな物事に取り組むために、「準備万端で自信満々でありたい」という希望を捨てなければならない。ウィリアムスの成功は、準備万端とは思えないうちからスタートしていた。才能の翼は作業を進める中で広がった。不安を自覚し、それと向き合う方向に進んだとき、**最善の道は抵抗感の裏にあった**と気づいたのである。

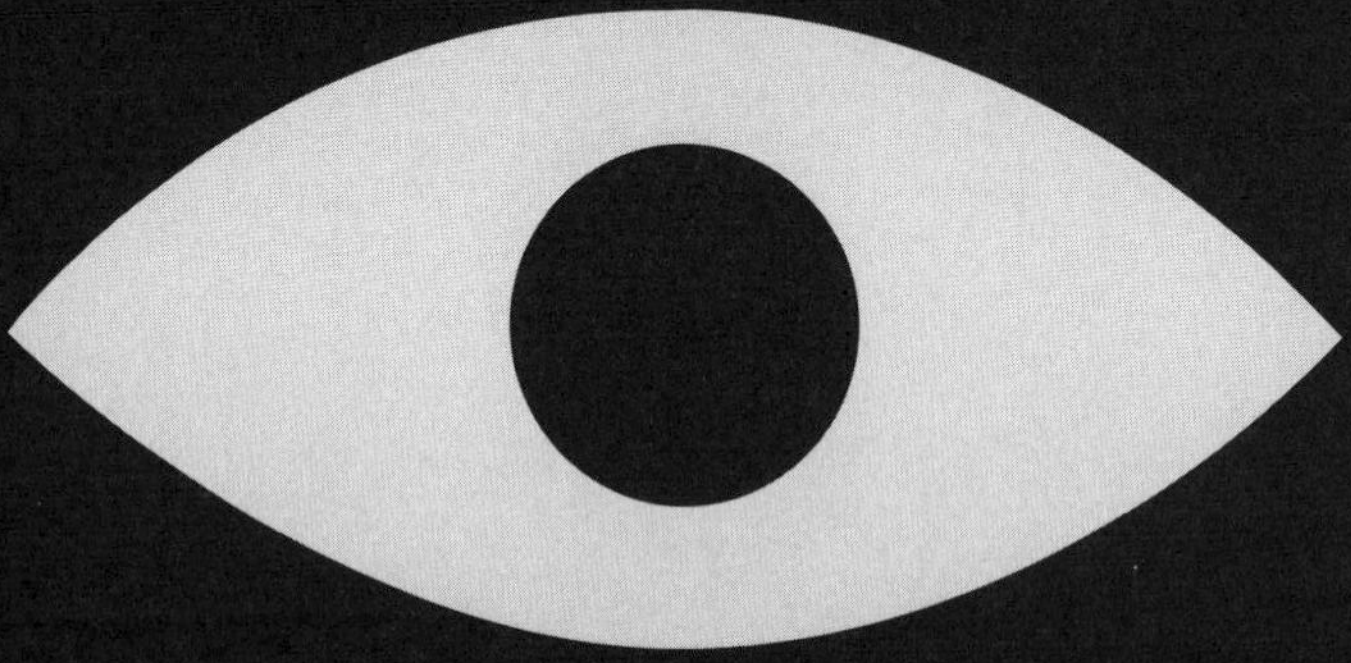

A SPACE FULL OF POTENTIAL

BEING IN THE DARK IS

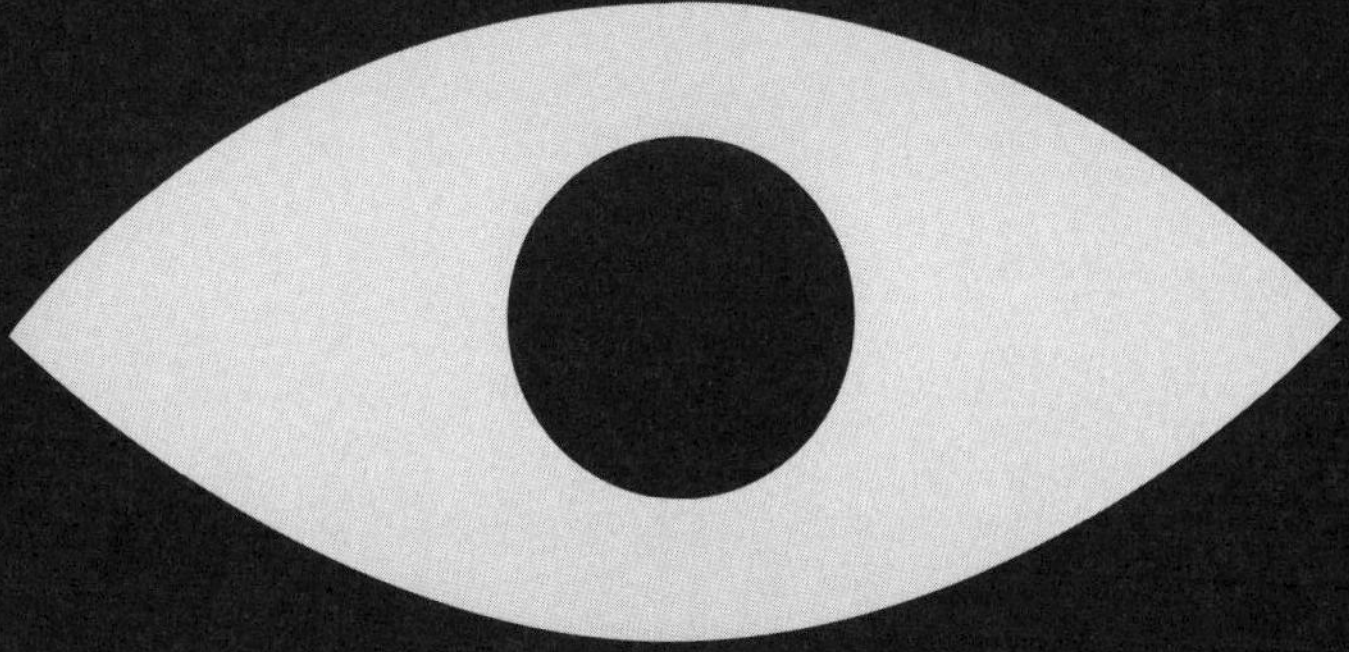

闇の中に身を置くのは
可能性に満ちた場所にいるということ

7 身体で無心になる

「身体化するリーダーシップ」を提唱するビジネストレーナー、マーク・ウォルシュは、優等生だった幼少期、勉強とは直線的なものだと考えていた。勉強すれば物事はわかるのだ、と。それが何かを学習する唯一の道だと確信していた。だが、運転免許試験を受けたとき、彼の思い込みは覆される。イギリスの片田舎では運転免許は必須なのに、彼は試験に落ちつづけた。

同じ頃、彼は初めての恋も経験した。人間関係が一筋縄ではいかないことを知り、また、身体の中からわきあがってくる強烈な感情の存在を知った。残念ながら、人間関係の経験が少なかった彼は、ほどなくして「この領域でも失敗した」という。そして自分には知らないことがたくさんあると悟った。

「運転免許と恋の失敗を通じて、賢くなる方法は知識を詰め込むだけではないと知った。運転と恋愛は本では学べない。現代の神経科学者はこういうものを暗黙知、手続き学習、身体知と呼んでいる。リーダーシップのあり方も、人間関係も、そして人生そのものも、身体で学んでいくものなのだ。身体は無意識にはたらきかける。習慣や直感の中から気づきが浮かび上がる。

知識に縛られていると、身体が知っていることを見つけられない」

ウォルシュは柔術やダンスといった身体表現を学びながら、こうしたことを発見していった。だが、彼が研修やコンサルティングを行なう現代のビジネス環境では、往々にして身体の重要性は無視される。本当は**ただリラックスして、本能的・身体的な反応に身をゆだねているときに、創造力や対応力の真価が発揮されるのだ**。禅では、この状態を「**無心**」という。

「身体は不可思議と知恵の両方を生み出す。身体は脳を運ぶ入れ物だという見方に慣れている人にとっては、意外なことかもしれない。だから、私がいう『身体』は単なる機械ではなく、人の本質的な部分だということを、最初に説明するようにしている。身体を通した行動や姿勢は、世界における私たちのあり方とつながっている」

ウォルシュに言わせれば、事実ありきの学習・行動パターンが、世界を知っている、自分を知っているという「幻想」をつなぎとめてしまうのだ。

「過去の出来事に固執して行動する習慣があると、現実の本当の姿から遠ざかり、柔軟な反応ができない。本当にあるパワーも恵みも活用できない」

身体を通じた学習は、**知らない**ことと向き合うきっかけになる。頭や脳が、無知に対する困惑や不安をかきたてるときには、身体の力を活用するといい。既知の方法を強引に押し通し、結局失敗するのではなく、身体を動かして学んでみる。身体は貴重な情報源だ。身体の学びに耳を澄ませば、そこに未知の中を進む手掛かりが見つかる。

見るために目を閉じる

CHAPTER 7

Focus on the circle in the middle for about 30 seconds, then close your eyes. What do you see?

中央の円を30秒間凝視し、それから目を閉じます。
何が見えますか？

"I shut my eyes in order to see."

私は目を閉じる　見るために

Paul Gauguin

ポール・ゴーギャン

1 目を閉じて見る——盲目の写真家が描き出す世界

メキシコ人の写真家、マルコ・アントニオ・マルティネスは、自分が見た夢を視覚化する作品をつくり出した。粘土やアルミで形成したオブジェを並べて夢のシーンを再現するというもので、たとえば1枚の作品に写っているのは赤いトンネル。内側に小さな虫のような生き物が何匹かいて、トンネル奥の奈落へと誘い込まれている。奈落の闇から射す光に照らされ、虫の影が不気味に広がり、シュールながらも美しい夢想空間を生み出している。同じシリーズの別の写真には、真っ暗な背景にやさしく光が射し、その中に木々がふんわりと広がっているものもある。闇の中、スポットライトを浴びて光るペガサスを写した写真もある。

解説ビデオの中で、マルコは、ペガサスは強くて自由な生き物だと語っている。奈落に怯えるマルコは、ペガサスに強さと自由の気持ちをもらう。そして赤い光がきらめいて、夢は唐突に終わったという。

マルコの写真は美しく、しかし、どこかぞっとさせるような迫力がある。マルコが盲目だということを考えればなおさら衝撃的だ。写真で表現した夢は、彼が突然光を失ってからわずか7日後に見たものだという。理屈では説明のつかない内的体験について、考えこまずにはいられないエピソードである。

視力を失う前のマルコはカメラとはほぼ無縁だった。普通の人と同じように、パーティの家族写真のようなありきたりの場面を撮るだけ。芸術としての写真などまったく興味がなかった。

本人は「目が見えなくなると、まさに暗中模索の気持ちになる」と語っている。

「生きていくために、それまで想像もしなかった問題や悩みにぶつかる。本当にもどかしいよ。前とは違う選択肢、ツール、スキルを学ばなくちゃいけない。自分の居場所と自分自身を把握するために、常に手探りをしていなくちゃいけない。やってみて失敗しながら学ぶだけだ」

だが、視力なしで写真を撮る技術と、過去の視覚的記憶を頼りに、マルコはイメージを形にする方法を会得した。

「自分のいる場所を感じ取り、理解するためには、周囲を想像する力が欠かせない。今の私はいつでも想像力を働かせている。だから現実を、現実の枠よりも大きく広げられる。私は自分にとっての現実をつくり、デザインしているんだと思う」

マルコに写真を教えたのは、メキシコシティの社会貢献団体「Ojos Que Sienten（心の視覚）」だ。視力をもたない人に撮影技術を教え、視覚機能障害に対する世間の認識を変えていこうという、野心的な使命を掲げる団体である。メキシコで1000人以上の若者に写真を教えるとともに、全世界で展覧会を開いている。

同団体が提唱する撮影技術は、撮りたいイメージを特定するために、もてる感覚のすべてを活かして〝撮影のロードマップ〟をつくるというもの。たとえば音は被写体の位置、距離、高さを特定する情報だ。写真のフレームを決めるときは、両腕を75度から80度の角度に開く。それがオートフォーカスのデジタルカメラがとらえる角度だからだ。被写体のさわりごこち、たとえばモデルの髪の長さや髪質など、触覚も使って情報を集める。屋外で写真を撮るときは匂いも貴重な情報だ。周囲に何があるか教えてくれる。

この手法を最初に考案したメキシコ人写真家、ジーナ・バデノックが語っている。

「見えない世界に踏み込むとき、**一番してはいけないのは、コントロールできないものをコントロールしたがるエゴにしがみつくこと**なんです」

彼女のワークショップでは、参加者に現状をただ受け入れるよう促す。自分にないものを理解し、受け入れ、あるものに焦点を当てて、人と協力しながら弱点を補う方法を学んでいく。

一般の写真家にとっては、写真という形になった成果物が、写真を撮るという行為のすべてである。だが、視力をもたない人にとっては、撮るというプロセスがすべてだ。できあがった写真は他人が評価すればいい。撮影者はただ撮ることに没頭し、プロセスのすべてを楽しむ。そして、あくまでプラスアルファとして、誰かが評価してくれるときの満足感を味わう。

「視力以外の感覚をフル活用して撮影された写真を通じて、私はさまざまな物語を見てきました。たくさんの人生の変容も見てきました――目の見えない人たちが、視覚的な世界に参加するだけでなく、そこに彩りを加えているのです」

このプロセスをビジネスの文脈に置き換えて考えてみよう。特定の情報源から得られる特定の市場情報に頼っていると、その他の情報を重視することを忘れやすい。ほかの情報源や感覚を大切だと思うことができず、その価値に対して盲目になる。

一部ばかりに目を向け、他方に盲目になる姿勢は、予想外のところから得られる情報を意図的に遮断するようなものかもしれない。直接的な体験が導く可能性を捨てているのだ。たとえばいつも同じ人物の意見を頼るよりも、新入社員の見解を聞いてみることもできるはずではないか。

見るために目を閉じる。知識の介入をあえて排除し、**知らない**姿勢で臨むことによって、**見ていなかった場所に存在する知に心を開く**のだ。逆説的なようだが、閉ざすことで新たな学びが開かれる。これは**知らない**でいることが秘める可能性のひとつである。無知は知を無くすどころか、新たな形で知を生み出し、古い知識では解決できなかった苛酷な試練をも解きほぐすのである。

2 観察の技法——ド・メーストルの「部屋をめぐる旅」に学ぶ

本当の発見の旅とは、新たな土地を探すことではなく、新たな目で見ることだ。

マルセル・プルースト（作家）

異国を訪れ、「この道の先には何があるんだろう？」と胸を高鳴らせた経験は、きっと誰にでもあるはずだ。初めて見る土地、初めて食べる料理、初めて嗅ぐ香り。異邦人ならではの感覚を味わえる。日常生活でも同じアプローチで未知に接することはできないだろうか……？

スイスの哲学者アラン・ド・ボトンは、そのようなアプローチを「**旅人の思考**」[65]と呼んだ。18世紀末に「**室内の旅**」という新たな旅行形式を考案したフランス人、グザヴィエ・ド・メーストルは、まさにこれを実践している。

ド・メーストルは冒険への渇望に押され、生まれ育ったフランスのアルプス山脈のふもとを離れてイタリアのトリノへ赴き、その後ロシアのサンクトペテルブルクへ移り、晩年をそこで過ごした。20代のときに空の旅を試みたことでも知られている。紙で巨大な翼をつくり、大西洋を越えてアメリカに渡る計画を立てたのだ。この無謀な試みは実行しなかったのだが、そのかわりいっぷう変わった冒険に乗り出した。１７９０年、決闘罪で42日間の自宅監禁に処されているあいだ、自宅の寝室を〝発見〟する旅に出て、その詳細な記録を『部屋をめぐる旅』（※訳注　邦訳は『部屋をめぐっての随想』白水社より）という著書にまとめている。

部屋の中をぶらぶらとゆっくり歩きながら、目に入る〝景色〟に注意を向ける。その模様を「肘掛椅子を出発し、北を目指すと、やがてベッドが見えてくる」と旅行記風の文章で書きつづった。その旅のアプローチを本人はこんなふうに説明している。

「思いつく限りの地理的情報をたどってみる。あらゆる着想にも、さまざまな味わいにも、流れゆく思いにも心を開く。目の前の景色をすべて夢中で受け止める」

ニュートラルな目で観察し、既知のもの、よく見知っているものを再発見していたド・メーストルの才能と、細部をじっくりと眺める観察眼は、２００年以上ものちの時代に生きる私たちにとっても有用な姿勢とはいえないだろうか。何かを観察しようとすれば、必然的に動作をスローダウンし、今この瞬間としっかり向き合わずにはいられない。すぐさま行動を起こして大急ぎで問題を解決したい誘惑を押しとどめる力になる。周囲の様子や出来事をこまやかに観察していれば、行動している最中であっても、しっかりと全体像を把握していられる。

前項に登場した盲目の写真家マルコ・アントニオ・マルティネスは、観察という行為を「もっている感覚のすべてを使って刺激を受けること」と表現する。そう定義していれば厄介な物事や状況も把握できる、というのがマルコの意見だ。

「人生ではなじみのない局面にぶつかることがある。そうしたときに人は思わず身をこわばらせ、対処するのは無理だと信じ込んでしまう。だが、使える感覚を活かして観察し、それまでと異なる新しい視野を開くことができるなら、夢を叶える方法も新たに探り当てられる」

状況を理解しようとしたり、複雑な試練に取り組もうとするときは、知力だけに頼るのではなく、もっている感覚のすべてを観察のプロセスに生かせるはずだ。その体験に没頭し、**使える感覚――視覚、聴覚、嗅覚、触覚、味覚――を通じて情報を集める**。思考、感情、偏見、解釈に影響されず、ただ素直な観察ができたら、新たな問いや不可思議にも心が開かれる。

仏教が教えるマインドフルネスや、カトリックの伝統にある瞑想など、意識を高めるための精神修行の方法は数多く伝えられている。いずれも、生き急ごうとする自分自身を一歩引き下がらせ、「今、私はどこにいるのか」「ここで何が起きているのか」と自問する試みだ。会議の場でしばし瞑想の時間をとり、それぞれ自分の呼吸に意識を統一してみる。思い浮かんだことをただそのままに打ち明けてみる。そんな単純な行為を通じて、観察し思慮を深める余地を広げることもできるのだ。

3
沈黙のための場をつくる

最もシンプルな真実にたどりつくために必要なのは、ニュートンが心得て実践していたような何年もの沈思だ。活動ではない。推理ではない。計算ではない。あわただしいふるまいの一切を含まない。読むことでもなければ話すことでもない。試みよう、考えようとしない。ただ、知りたいことのありままの姿に寄りそっていることだ。

G・スペンサー・ブラウン（数学者）

ビジネスにおける沈黙も苦しいものだが、敵意と緊張に満ちたはりつめた雰囲気と言えば、ラテンアメリカの刑務所に勝る場所はないだろう。ホセ・キース・ロメロは2年半前からボランティア活動として、メキシコの刑務所で瞑想指導を行なっている。人々が心の平穏を体験し、自尊心を――真の意味で自分を大切にする気持ちを強められるようにするのが目的だ。

最近、彼のボランティアチームはメキシコシティにある大型刑務所に赴いた。囚人の瞑想のためにあてがわれた空間は、窓がなく、換気装置もなく、ただ圧迫感ばかりを感じる部屋。刑務所の喧騒をかき消す瞑想用の音楽を流すため、ノートパソコンをもち込んでいたのだが、声を出して瞑想の体勢を整える「チャンティング」の途中で、パソコンが動かなくなってしまった。ボランティアチームがパソコンを直すのを、囚人たちは辛抱強く待っている。どう手を尽くしても復旧せず、しかたなくチームはアカペラでチャンティングを始めることにした。すると驚いたことに、囚人たちがきれいな唱和で応えたのだ。

「チャントのパワーから得られる導きを、彼ら自身が積極的に求めているようでした。重なり合った声が部屋中にこだましました」

15分のチャンティングが終わると、今度は沈黙し、瞑想する。ただ深く呼吸し、一定の姿勢で精神を静かに保つという、単純なエクササイズだ。

「静謐な無の空間でした。深い呼吸が繰り返されるだけ。騒音もなく、チャントもなく、ただ息を吸い、吐く音が、完全なハーモニーとして響いていました」

瞑想の終了を告げるファシリテーターの声で全員が目を開き、爪先を動かして身体の感覚を取り戻し、意識を現実へと引き戻す。プログラムはこれで終わりだ。握手をして別れ、ボランティアチームは部屋をあとにした。

「出口へ向かいながら、たった今起きた出来事を思い返さずにはいられませんでした。自分の心と向き合おうというときには、ノートパソコンもテープレコーダーも、何の音もいらないのです。ただ精神を鎮め、心が知る知恵に身をゆだねるとき、未来が姿を現します。平穏と敬意とが、ただそのままに溶けあいます」

大勢で、ただ沈黙する。それが人を結びつけて新たなステージに連れていく。**予想外の展開でいつものやり方が通用しなくなったときや、物事がつまずいたとき、大慌てでその「すきま」を埋めようとするのではなく、ただスローダウンして、沈黙し、動きをとめて待つ。**数秒が永遠に感じられるかもしれないが、そうした沈黙が、新しいものがわきあがる場を開く。現在をそのままに受け入れて、コントロールしたがる衝動を抑える儀式になるのだ。

SILENCE

4　U理論の4つの「聞き方」

23秒。患者が症状の説明を始めてから、たった23秒で、医者は口をはさんで遮っている。ロチェスター大学メディカルセンターのハワード・ベックマン医師による研究が明らかにした数字だ。「聞く力の低さ」が情報収集の機会逸失につながることを示唆している。[66] 問いただしたい気持ちを抑えて、**医師があと6秒待つだけで、患者は訴えを話しきることができる**のだという。だが、医者は最初のほうを聞いただけで口をはさむので、患者がもっている重要な情報が引き出されないのだ。

ＭＩＴの上級講師で、プレゼンシング・インスティテュートという団体の創設者・会長オットー・シャーマーが生み出した「**U理論**」という概念がある。ベースとなっているのは、シャーマーが「**プレゼンシング**」という造語で呼ぶコンセプトだ。プレゼンシングとは、**個人や組織がそれぞれの役割を果たす場の内面を変容させ、新たな可能性が出現する場として対峙する、意識の高められた状態**を指す。[67] このU理論においてシャーマーは、「聞く」という行為には4種類あると説明している。[68]

①過去の情報をダウンロードしながら聞く

「そのことは知ってますよ」と思い、自分の判断を確認しながら聞く。他人の話の中に既知の情報を探す。

②ファクトを集めながら聞く

事実に着目し、多くのデータを集めようとする。他人の話の中に、自分がまだ知らない事実を探しながら聞く。

③共感しながら聞く

オープンな心で聞き、相手との結びつきを築く。そのために相手と相手が語ることに、しっかりと注意を払う。自分自身の議題はいったん棚上げして、相手の視点から世界を見る。

④聞きながら新たなものが生み出される

自分という枠を越えて深いレベルで結びつく。この体験は言葉では説明しにくい。現実とは乖離した感覚があり、すべてがスローダウンして、今まさに展開していることと完全に一体となる。

アイルランドでコーポレート・コーチとして働くナディーン・マッカーシーの話を紹介しよう。彼女は2006年、まだコーチ訓練生だった頃に、あるプロジェクトのメンバーとして国内大手企業CEOのコーチングを担当することとなった。事前に実施された評価を見る限り、その女性CEOの統率力は申し分ない。だが、心のゆとりやストレスフリーの働き方という面で、能力の低さがうかがわれた。

コーチングのセッションを進めるうちに、その主な原因が期待の高さであることがわかってきた。周囲から、そしてCEO自身から、非現実的なほど高い期待をかけられているのだ。また、生活の大半を仕事に投じており、それもストレスが高まる原因だった。リーダーシップ能力はきわめて高いのに、CEOが「私は何ひとつ完璧にできない。今も、これからも」と吐露するのを聞いて、ナディーンは衝撃を受けた。気持ちが乱れ、クライアントを助けられない自分がもどかしく、ナディーン自身のフラストレーションも深まる一方。どう問いかけても、どう促しても、クライアントの不安を解消するどころか増幅させているようだ。そうこうしているうちに、ナディーンは突然に悟った。

「私が聞いていたのは私自身の声だったんです。クライアントではなく自分の頭の中に響く声を聞いていました。どうすればクライアントを助けられるのか。私はコーチとして適しているのか。今クライアントは私のことをどう思っているのか。私は訓練生だから仕方ないじゃないか……そんなことばかり考えていたんです」

動揺しながらも、ナディーンは、CEOがセッション中に何度も父親について言及していたことを思い出した。ここが突破口となるかもしれない。ただし、今度はクライアントの言葉だけにこだわらず、相手の姿勢、呼吸、表情を感じ取りながら、語る相手と一体になって聞こうと決意した。

「私はただ話を聞きました。進むべきステップは自然と見えてくると信じて、ただ全身で耳を傾けました。そんな姿勢でいると、まるで相手の一語一語が光るように感じられました――その光を、私が心の目で見るのです。だんだんに、CEOはこわばりを解く方法を探しているのだ、ということがわかってきました」

この気づきを糸口に、問題の視覚化をしながら心身の硬直をほぐすアドバイスをしていくうちに、CEOの様子は少しずつ変わっていった。態度が軟化し、あせり気味だった呼吸も安定してきた。そしていつしか涙を浮かべ、父の思い出を語りはじめた。大学でよい成績を修めたときの話だ。

「アッパー・セカンド（※訳注　イギリスの大学の学士号は、成績のいい順からファースト、アッパー・セカンド、ロウワー・セカンド、サードの4段階に分類される）の成績だったの。すごくうれしくて、両親とお祝いをしたわ。でも父は、祝杯のシャンペンを開けながら、『ファーストじゃないのが残念だな』って言ったのよ」

CEOはここまで話して言葉を切り、しばし呆然と沈黙した。それからナディーンのほうを見て、まばたきし、首を振った。なぜこれまでの26年のキャリアで、容赦なく自分を追いつめてきたのか、はっきりとわかったのだ。ナディーンはこの瞬間を「表現しがたい出来事」だったと語っている。

「**知らない**ということを受け入れ、聞くことに専念したとき、自然と生じてきたんです」

耳を傾け、そこから何かが生まれてくるのを待つ。こうした姿勢は昨今の新しいテクニックではない。古代文明と同じくらい昔から存在しているものだ。世界で最も古い土着文化とされるオーストラリアのアボリジニの人々も、何かを知るにあたっては、ただ座り、聞き、観察し、待つ。彼らはこれを「**ダディリ(dadirri)**」という。ノーザンテリトリーのデイリーリバー周辺に住むアボリジニのアーティスト、ミリアム・ローズ・ウングンマー・バウマンは、この特別な資質を「心を静かに落ち着かせながら、じっと内面を意識すること」[69]と説明している。

「人の心の中には深い泉があります。それと向き合うのがダディリです(……)ただ聞くだけ、と言っても過言ではありません(……)ダディリをするのは、自分自身をすっかり入れ替えるようなものです。川岸に座ったり、森の中を歩いたりしながら、ダディリをすることもあります。大切な人を亡くしたときも、そうした静かな意識の中で心を穏やかにします。言葉は要りません。私たちの部族は沈黙に怯えません。沈黙はやすらぎです。何千年の昔から自然の静謐の中で生きてきたからです[70]」

5 思い込みに逆らう

思い込みは、芸術の敵です。自分が何をしているか知っているという思い込みも、歩き方や話し方を知っているという思い込みも、自分が意図したことは受け取った人に同じ意味を伝えていると考える思い込みも。

アン・ボガート（舞台演出家）

モービン・アスガル・ラナはパキスタン出身の31歳。サウジアラビアの大手日用品メーカーで営業部のマネジメント職に就くこととなった彼は、未知の世界に踏み出したという自覚があった。

「人生を充実させたいなら、いつも同じことをしているだけではだめなんです。リスクにチャレンジしていかなければ。僕には信仰があるので、そのおかげで、未知の世界に問いかけのまなざしで臨む勇気があります。聖書で言われている鳥の話が好きなんです――鳥は『次のエサはどうしよう、その次のエサはどうしよう』とあくせく思いわずらったりはしません。不安があったとしても、ただ信頼の気持ちで臨めばいいんです」

未知の世界に踏み込むのは怖くはなかった。これまでも公私ともに、積極性が求められる競争の激しい環境で育ってきた。だが、今回はまったく新しい試練だ。異国の地で、現地の言葉も話せず、初めて顔を合わせるチームを率いていかなければならない。

「不安でした。でも、僕と一緒に働く人たちも、それ以上に不安だったと思います。人は自分と似たスタイル、似た文化の人と働くことに慣れていますからね。異文化の人には自分のことが理解できないんじゃないか、という先入観があるんです」

実際、率いることになったチームは、ラナが生まれ育った文化に対するステレオタイプな認識を抱いており、それがともに働きにくい雰囲気をつくり出していた。特に一部のメンバーは、アラブの文化は南アジアの文化よりも優れている、と頑なに信じていた。

「こういう信念は、長年のあいだ、南アジアからの肉体労働者が大勢流入してくるうちに、徐々に固まってきたものなんです。僕のような南アジア出身の人間が上司になるのは、社会的にも文化的にも一般的ではありませんでした」

独裁的な権力を振り回しても、そうした認識を覆すことはできない。そこでラナは、チームの現在の「知」、すなわち彼らの今の認識に真正面から向き合い、それを浮き彫りに出しながら、ひとりひとりとのあいだに信頼関係を築いていこうと決意した。

思い込みを固定のものと決めつけず、それを前向きに疑う姿勢があれば、頑なな信念を崩すこともできる。黒と白に偏向する世界に、よりやわらかなグレーの領域を増やすこともできる。別の選択肢を見る力があれば、踏み固められた道に固執せず、それまで視界に入っていなかった新しい機会にも心を開ける。大切なのは、思い込みを自覚し、それを認めたうえでいったん保留にして、問いかけてみる余裕をもつことだ。**判決を一時保留にすることを、「ブラケッティング（括弧に入れる）」という。**想定を入れずにオープンのまま相手の言葉を聞き、問いかけをしながら考えていくのである。

ゲシュタルト療法専門家フィル・ジョイスと、心理療法士のシャーロット・シルズが、昇進や辞職というシチュエーションを例に、ブラケッティングについて語っている。[71]誰かが昇進すると聞けば、私たちは何も考えず、反射的に「おめでとう、それは素晴らしい」と言いたくなる。だが、その台詞を一瞬ブラケッティングして、相手の気持ちを聞いてみたらどうなるだろうか。もしかしたら「最悪だよ」という返事が返ってくるかもしれない。

「上司が辞職したんだ。僕は昇給もなしに仕事の量だけが倍になったんだよ」

あるいは反対に、「クビになった」と言う人がいたら、私たちはとっさに慰めの言葉をかけたくなる。それをブラケッティングして、「どんなふうに受け止めてるの？」と聞いてみたとしたら、こんな返事が聞けるかもしれない——「ずっと辞めたかったんだ。僕にとって必要な後押しだったと思うよ」。

Hell

GO LEFT

GO RIGHT

Heaven

6 権威や専門知識に疑問符を投げかける

私たちに疑う自由があるのは、科学の初期の時代に、権威に逆らう苦闘があったおかげだ。

リチャード・ファインマン（物理学者）

本書の冒頭で紹介した解剖学者、ヴェサリウス（26ページ）に再登場を願おう。ヴェサリウスにとって、イタリアのパドヴァに足を踏み入れた１５３７年は、充実した学びの年だった。猛烈な勢いで勉強をして、１年未満で医学の学位を取得。卒業後はすぐに、23歳という若さで外科および解剖学の教授になった。この新しい立場で、ヴェサリウスは自分が最も愛すること――人体のあらゆる部分を詳細に調べ解明する作業に、ほとんどの時間を投じることができるようになった。

記録によれば、ヴェサリウスが初の公開解剖を行なったのは１５３７年12月。画期的な解剖アプローチを披露すると同時に、のちにガレノスの研究に真っ向から逆らうこととなる研究姿勢も、この時点ですでに垣間見られていた。

彼は伝統的な解剖の作法を守らなかった。教授であるというのに、高座に座らず、みずからメスを執って解剖とデモンストレーションの両方を引き受けたのである。パドヴァ大学の設立以来、こんなことは初めてだ。解剖される遺体は18歳の男性。当時の慣習に従って、まず腹部を切り開き、胸を切開し、喉と頭部、脳へと移り、最後に四肢を解剖する。途中で比較のために犬の解剖死体を提示し、これがヴェサリウスの教授法のトレードマークとなった。

だが、このときの解剖で何より衝撃的だったのは、ヴェサリウスが自分で執刀しただけではなく、ガレノスの教科書に頼らない独自の観察・考察を披露した点だ。その詳細な観察と、解剖に用いたアプローチは、いずれも本人によって記録に残されている。

「解剖で推論が裏づけられるという可能性に対して、慎重に注意を払った[72]」

ヴェサリウスがパドヴァ大学で行なった最初の解剖は、彼の突出したキャリアの幕開けとなった。現代の解剖学の礎となる理念も、このときに形成された――ヴェサリウスは、自分の研究と調査で真実をつきとめるまでは過去の権威をうのみにしない、という信念を抱いていたのである[73]。その後の数年で、彼の解剖は当時としては最も詳細な解剖分析として評価されるようになった。ガレノスの間違いを次々と明るみに出し、ガレノスは完全無欠ではなかったという見解を確立した。「ガレノスによる解説は（……）必ずしも一貫していない」[74]とヴェサリウスは指摘している。

ガレノスは人間の胸骨は7つのパーツで構成されていると主張していたが、実際には3部構成であること。上腕骨はガレノスが言うように人体で最も長い骨ではなく、4番目に長い骨であること……。さまざまな相違点を暴いたヴェサリウスは、もはや、長きにわたって定着してきたガレノスの権威を盲信する者ではなかった。

この画期的な研究は学生からも研究者からも注目を集めたが、頑なにガレウスを信奉していた学者たちは、それに従わない「執刀者にすぎない」ヴェサリウスを批判した。ヴェサリウスの公開解剖にはいつも100人以上の見学者、主に若い医学生が集まっていたが、保守派はヴェサリウスの教育方針にも怒りや嫌悪を示していた。[75]だが、ヴェサリウスにとって決定打となったのは、ガレノスの研究が人体の解剖ではなくサル、ブタ、ヤギの解剖に基づくものだったとつきとめたことだ。ローマ時代は人体解剖が法で禁じられていたので、ガレノスは仕方なく動物を解剖し、それで人体について学んでいたのである。

その発見からわずか2年で、ヴェサリウスはガレノスの主張を全面的に修正した。ガレノスの間違いを学生に教えるために、人体の骨格と動物の骨格を比較し、相違を明らかにした。また、学生自身に人体を観察させ判断させることによって、ガレノスの主張を検証する機会も与えた。そして4年をかけてヴェサリウス自身の研究と発見を基盤とした詳細な解剖学の教科書を執筆。「**De humani corporis fabrica（人体の構造）**」というタイトルの7巻からなる書籍で、現在では『**ファブリカ**』という名で知られている。1543年に出版された同著は、ガレノスの遺産を完全に断ち切るとともに、独自の観察と考察に基づくヴェサリウスの画期的な解剖アプローチを提示している。

ヴェサリウスは医学の世界に新たな道筋をつくり、後世に登場する無数の科学者の研究に影響をおよぼした。300年後に進化論を打ち立てるダーウィンもそうした科学者のひとりだ。パドヴァは解剖実践の場としてヨーロッパを代表する都市となり、パドヴァ大学は今日でも、研究と指導方法における自由度が高いことで知られている。

ヴェサリウスは、既存の知識に対してあえて目を閉じ、新しいものを見た。私たちはときどき、合意された既存の知識を脇にどけてみる必要があるのだ。長いあいだ真実として受け止められてきた先入観を疑わなければならない。合意された既存の知識を意図的に「脇に置く」ことによって、「もし今、何も知識がないとしたら」という前提での考察が可能になる。真実だと思っていたが、本当は「当時においては真実と見られていたこと」にすぎない情報を疑い、新しい知を掘り起こす。

ＴＥＤに登壇したイギリスの経済学者、ノリーナ・ハーツは、「**専門知識の民主化**」というテーマで講演をしている。人は「専門家」に挑む意欲をもつべきだ、とハーツは主張する。証拠だとされているもの、前提だと言われているものに疑問の目を向け、選択肢から省かれているものに注目するべきなのだ。

やみくもに反論すればいいというわけではない。きちんと意見をぶつけ合える場をつくるのだ。専門家の発想を俎上に載せて討論する。多様で相容れない意見、もしかしたら異端的な見解も許容する。目的は専門知識の披露ではない。手ごわい課題に取り組むこと自体に主眼を置く、それを推奨する環境が大切なのである。

7 問いかける

問題を解くための時間が1時間あり、私の人生がその答えにかかっているのだとしたら、私は正しい問いを考えることに55分を使う。正しい問いがわかれば、5分以内で問題は解決できるだろう。

アルバート・アインシュタイン

韓国で禅を学び、今はフランスを拠点に禅の指導・普及に携わる尼僧、マルティーヌ・バチェラーは、人と人とが一体になる方法として、「問いかける」姿勢を推奨している。何かに答えようとするよりも、問いかけていこうという姿勢で臨むのだ。言葉を弄さず、ただ問いかけることに焦点をあてていれば、目の前の現実に心を開ける。理論武装をしたい衝動を手放すことができる。[76]

自分がもともと知っていることだけをたずねていても、それは既知の知恵を補強するにすぎない。思いどおりの答えが得られて、その場限りの満足をするだけだ。一方で、自分が知らないことをたずねるときも、私たちはつい最初に出てきた答えを受け入れてしまいやすい。既知の答えを確認するのでもなく、最初に出てきた答えで納得するのでもなく、ただ問いかけつづけていくのは落ち着かない気持ちになるものだ。心は乱れるし、一般的な職場においては、そんな姿勢は評価されない。

混乱しているとき、先行きが見えないときほど、つかんだ答えにしがみつきたくなる。だが、それでも問いかけをやめずに続ければ、忍耐力がつき、未知と向き合う力が育つのだ。目の前の出来事について、これからの選択肢について、見えていなかった情報が見えてくる。

英仏海峡を走る高速列車、ユーロスターは、ビジネスとしてはきわめて複雑な存在だ。天敵である航空会社と比較した運賃設定、人件費と営業費用、まだ見ぬ未来の競合他社、旅行そのものを不要にする新しいテクノロジー（電話会議など）の普及……不確定・不確実な要素に数多く対処していかなければならない。ユーロスター社CEOのニコラス・ペドロヴィックは、答えることと同じく問いかけていくことを重視する社風について、それを育てる難しさを語っている。

「管理職には知識がある。物事を把握していて、だからこそ評価を得ている。だか、彼らは細部にとらわれたり、キーワードや表計算シートに翻弄されたりしやすい。だからいったん細部から目を離させなければならない。たとえば、『仮にこれが私のポケットマネーだとしたら、このことをするだろうか』とか、『仮に私が客だとしたら、それを気に入るだろうか』と問いかけることはできないか。初心で臨む社風をつくることで、自分自身に立ち戻って、あらためて判断を見直せるようにする」

自分や職場に対して問いかけていく姿勢を育てるのは決して不可能なことではない。異なる見解や意見には好奇心をもって接し、食い違いや別の可能性をオープンに受け入れる。悩みや疑いを共有する。「答えを出さなければ」という強迫観念ではなく、好奇心と問いかけの姿勢を選んでいくのである。

CHANGE
YOUR
POINT OF
VIEW

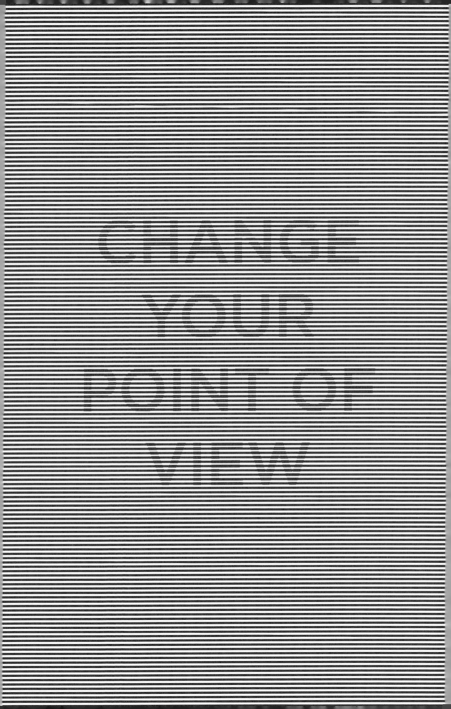

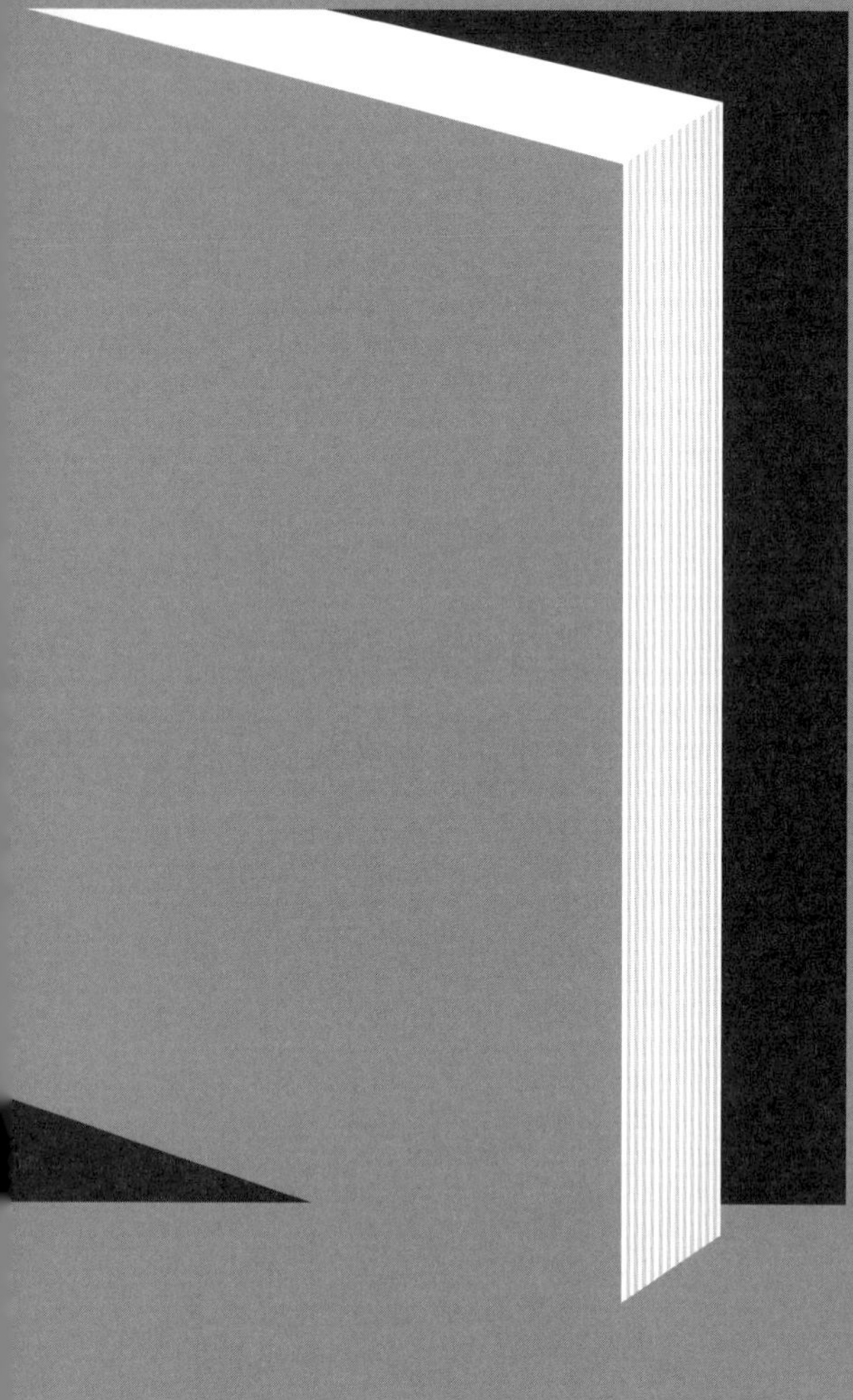

闇に飛び込む

CHAPTER 8

"Living is a form of not being sure, not knowing what next or how. The moment you know how, you begin to die a little. The artist never entirely knows. We guess. We may be wrong, but we take leap after leap in the dark."

生きるというのは、確信をもたないことです。次は何が起きるのか、どうなるのか、知らずにいることです。どうするか知ってしまった瞬間から、人は少しずつ死にはじめます。アーティストは、決してすべてを知ることはありません。想像をめぐらせるのです。間違っているかもしれません。けれど、見えない闇の向こうへ跳躍し、また跳躍していくのです。

American dancer and choreographer Agnes de Mille

アグネス・デ・ミル（舞踏家、演出家）

1 即興で対応する

変化を主導するのも、人を導くのも、即興の対応が求められるプロセスだ。それはジャズに似ている。予想のつかない展開と変化するメロディに身をまかせる。最初に立てた計画に固執せず、一瞬一瞬に起こりうる可能性に心を開くのだ。

即興（improvise）という言葉は、ラテン語で「先を見通せない」を意味するimprovisusから来ている。即興の力をもつ人は、遊び心があり、「そうしてみたいから」という理由で対象に真剣に取り組み、ぞんぶんに堪能する。差し出されたものに身構えず、柔軟に受け入れる。

オーストラリアのメルボルンの劇団「プレイバックシアター・カンパニー」に所属する役者、アレックス・サングスターは、こう表現した。

「誰かがボールを投げて、それを受け止める。ゲームのスタートだ。投げ合ううちに不思議なことが起きる（……）気持ちが100％その場にないと、ボールをしっかり受け止めることはできない。何の可能性も生まれないし、何かが叶うこともない。でも、**知らない**という姿勢でその場にいれば、それだけで信じられないほどの可能性が解放され、わきあがってくる」

サングスターによれば、即興とはその場で適当に何とかすることだと誤解されやすい。むしろそれとは正反対で、**即興は構造を心得たうえで始めるもの**なのだ。優れたジャズ・ミュージシャンのように、まずパターンを知り、演奏のしきたりを知るからこそ、それを手放してアドリブができるのである。

構造があれば枠ができる。その枠の中に、実験して創造性を発揮するための空間ができる。ルールを知ればこそ、計画を捨て、楽譜を捨て、ジャズピアニストのキース・ジャレットが言うように「川を川から離れて自由に流れさせる」ことが可能になる。

映画監督アンナ・ベックマンの話を聞いてみよう。優れた作品を生み出すのは「よくわからないもの」を組み合わせる技術だ、とアンナは語っている。

「**知らない**姿勢で臨むというのは、映像制作プロセスの中でも一番エキサイティングで、大きく花開く可能性を秘めた部分なんです」

彼女はスウェーデンの映画監督イングマール・ベルイマンの例を挙げる。『第七の封印』『野いちご』など、１９５０年代・60年代を中心に数々の名作を手掛けたベルイマンは、基本的に、展開はわからないし意図できないという前提で、脚本執筆と監督の作業に取り組んだ。意図した展開にしようとするとほぼ例外なく無残な失敗に終わった、とみずから認めたことも知られている。

不確実で不可思議な要素こそが、感性と理性を橋渡しして、その先を浮かび上がらせるのだ。同じように考える映画監督は少なくないし、アンナによると、すべての芸術活動にその要素が不可欠である。

「感性と理性の微妙なバランス。不思議なことと、よく見知っていることのせめぎあい。優れた作品の背景には、必ずといっていいほど、そうしたものが介在していると思います。見事に練られた映画作品を鑑賞していると、なじみのないシチュエーションや、異質なキャラクター、見たことのない場所に興味をそそられると同時に、自分の文化と関係のあるものや、人間に普遍的に共通する要素にシンパシーを感じるものではないでしょうか」

ベルイマンは映画に明確な構造を組みつつ、カオスや不確実性がもたらす創造性を活かすべく、そのふたつの境界線できわめて慎重に作業をしていた。

「彼の脚本執筆は、自分自身の中の不確かさ、わからないものに向き合うことで始まるんです。それから、登場人物の性格を決め、物語を動かしながら、その不確かで未知のものを解消するか、踏み込んで切り開いていくか、どちらかに進めていきます」

ベルイマン自身は、脚本執筆のプロセスは直感と知力のコラボレーションである、と表現している。

「暗闇に向かって槍を投げる。それが直感だ。
それから闇の中に軍隊を送り込んで槍を探し出す。それが知力だ」

そうやって最終的に「水も漏らさぬ」脚本が仕上がる。だが、その脚本と、映画監督としてのテクニックは、ベルイマンにとっては即興を繰り広げるための地盤だ。コントロールできるものはコントロールしつつも、いざ撮影が始まってからは、役者とともに展開の見えない世界に踏み込む。それが予想のつかない偶発的な要素を生み出す。アンナが「ベルイマンの作品に脈々と流れる、言葉では表現できない魔法」と呼ぶものをつくっていく。

これを上回る積極性で即興を取り入れている映画監督兼脚本家として、『ヴェラ・ドレイク』や『家族の庭』といった作品を生み出したマイク・リーがいる。リーの映画は、監督も役者もどんな作品になるかはっきりわからないまま臨んでいることが、画面から伝わってくる場合が多い。シナリオのない本当の日常生活のようで、彼の作品に強烈なリアルさを生み出している。マイク・リーの手法について、アンナがこう語る。

「物語の芯だけを決めて、その後は即興でストーリーや登場人物の細部を肉付けしながら、役者と一緒に何カ月もかけて作品をつくっていくんです。つくり手、役者、そして鑑賞者が物語を探っていく、そのリアルな過程が作品になります」

何らかの役割を引き受けたなら、既存の認識にこだわらない新しいやり方で、その役割に取り組むこともできるはずだ。人との連係から創造性と偶発性を引き出す。まず闇に槍を投げ、**知らない**世界にある可能性へと踏み込む。それから技術的スキルや専門知識を活かして、直感でつかんだものを逃さず、磨き、命を与えていくのである。

2 仮説を立てる――シャーロック・ホームズとゼブラ・ハンター

「ワトソンくん、きみにもすべてが見えているんだよ。それなのに見たものから推理をしていない。大胆な推論を立てようとしていないんだ」

コナン・ドイル「青い紅玉」（1892年）より
シャーロック・ホームズの台詞

アーサー・コナン・ドイルが生み出した探偵、シャーロック・ホームズは、きわめて秩序だった推理で事件に立ち向かう。彼の捜査の軸となるのは**仮説**だ。

『バスカヴィル家の犬』という作品で、チャールズ・バスカヴィル卿の死因を捜査することになったホームズは、死体の入念な観察を経てふたつの仮説を立てる。犬に襲われたか、あるいは、心臓発作で死んだか。それから事件周辺を綿密に調べて情報を集める。なぜか付近の洞窟にこもり、近くの村にも足を運ぶ。新たに見つかった証拠から、さらなる仮説が浮上する――ステープルトンという学者が、財産を手に入れるためにバスカヴィル卿を殺したのではないか。これを検証すべく、ホームズは危険な実験を試みる。ステープルトンを刺激して、犬を使ってバスカヴィル家の新たな当主を襲うよう仕向けたのだ。それでどうなったか、続きはぜひ小説を読んでいただきたい。

ホームズは事実を解釈して仮説を形成する。だが、最初に出てきた仮説を真実とは決めつけない。新たに得られた情報に照らして修正を続ける。ひとつの見方に固執せず、さまざまな見解を同時進行で考慮する。彼はまさに「初心」のアプローチを実践しているのだ。**以前の知識や昔の事件に縛られない。あらゆる細部から学び、先入観にとらわれずに事実を吟味する。**事実が途中で変化してきたときも偏見なく受け止める。

ニューヨークに住むトーマス・ボルトは、いわば現代のシャーロック・ホームズだ。51歳ながら少年のように若々しいボルトの専門は、医師として医学のミステリーを解決すること。本人いわく「何でもあり主義」で、はっきりとした答えの出ない健康問題に対し、一般的な治療薬に限定しない解決方法を探す。[77]その姿勢は、まるで動物のいななきが聞こえたとき、みんなが馬を探している中でも彼だけがシマウマを探すかのようであることから、ボルトを「**ゼブラ・ハンター**」と呼ぶ者もいるほど。ほかの医師が解明できなかった病気に注目し、診断がつかない症状にも、95％という驚異的な成功率で診断を下している。

ボルトはホームズと同じく、証拠に対してさまざまな――ときには衝突する――仮説を立てる。**どんなシチュエーションも必ず新しい視点から調査し、誰も見ていなかった箇所で、ほかの人なら見逃すようなポイントに着目する。**これまで誰もたずねなかった疑問を提示する。本人は「僕の人生はすごくイカれてるから、何が起きても驚かないんだよ」と語っている。

ビジネスの世界ではどうだろう。

ビジネスは一般的に、迅速に行動を起こすことが評価される。それゆえに、行動を起こすまでの診断のプロセスは軽視されやすい。だが、常に「既存の解決方法ありき」では、未知のものに出会ったときに太刀打ちができない。意識して可能性を模索するべきなのだ。ホームズやボルトのように、観察し、データを集め、さまざまな解釈を立てる。診断や捜査のプロセスを通して事態を把握し、考えられる選択肢を明るみに出していく。

会計ソフトウェア「クイッケン」の開発・販売を行なうイントゥイット社は、企業としては珍しく、仮説を重視した実験と意思決定を積極的に推奨している。[78] 創業者のスコット・クックによると、イントゥイットでは一般的な企業のように上層部の見解だけで物事を決めるのではなく、さまざまな仮説と実験をもとに、現場を意思決定に参加させていくのだという。[79]

実験サイクルはアイデアから始まる。たとえばイントゥイットのインド支社が、インドの農家のための新規事業を提案したことがあった。農家の収入を10%アップさせ、厳しい生活の向上に貢献するのがねらいだ。

この案を出したチームは、まず顧客層の調査を行なった。問題の実情を深く理解するべく、農家の生活に密着した。イントゥイットが**「顧客に対する深い共感（ディープ・カスタマー・エンパシー）」**と呼ぶプロセスだ。

ここで明らかになった問題は、収穫物を一番高く売るためにはどの市場に卸せばいいか、農家の人たちには知るすべがないということだった。これはイントゥイットにとってチャンスではないか。イントゥイットならば、その日の卸売価格の最高値と、それを提示している市場仲介業者をつきとめ、テキストメッセージで農家に通知するシステムの開発が可能だ。

一般的な企業なら、ここまで解明した時点でゴーサインを出し、想定した解決策の実施に乗り出すかもしれない。だがイントゥイットの場合は、本格的な実施に至るまでに、さらに数ステップを経る必要があった。

次は**「根拠に基づいて賭ける（リープ・オブ・フェイス）」**と呼ぶプロセスだ。この段階では、チームがさまざまな仮説を立てる。インド農家の例では、次に挙げる仮説を検証する必要があった。

- イントゥイットに卸売価格を公開する市場仲介業者の数を、十分に確保できる

- 仲介業者は卸売価格をごまかさない
- 農家の人たちの多くは教育を受けていないが、テキストメッセージを読むことができる
- 彼らはテキストメッセージを読み、それに応じた行動をとる
- 彼らは「テキストメッセージのおかげで高値で売れた」と理解する
- イントゥイットにとって、この機会は収益につながる
- 収益が費用を上回る[80]

機会発見と仮説形成から7週間後、インド・チームは多方面からの検証実験を開始した。

- 農家15世帯を対象とする試験運用
- データ収集に関するテスト
- 農家への普及率の検証
- プッシュ型メッセージとプル型メッセージの比較
- 別の農作物での実験
- 価格調査
- 広告効果の実験
- 外注による営業実験

農家の人たちがもつ携帯電話はそれほど高性能ではないと想定しながら、地元卸売市場の価格を通知するサービスを始めてみたところ、その手法で効果があるとわかった。13カ月におよぶ実験で、被験者となった農家の20％が収入増を報告した。

創業者のクックは次のように説明している。

「貧しい農家にとって、収入が増えるかどうかというのは、子どもを学校に行かせられるかどうかという違いだ。だが、イントゥイットにとってはこれはビジネスだ。私を含む上層部で考えていたとしたら、『やらない』と指示する可能性もあった」[81]

シャーロック・ホームズの推理は死体から始まる。死因究明のために幅広い仮説を立て、ありそうにない仮説も視野に入れる。新しい情報を得たら、それを入れて仮説を修正していく。本書のＰＡＲＴ　１で見てきたとおり、人は「わかった」と思うと即座に結論に飛びつき失敗を招きく傾向があるが、ホームズは仮説を立てて検証するというプロセスで、そうした安易な飛びつきを回避している。

イントゥイット社の例は、企業が新しい市場に参入し、新しいプロダクトを試すにあたり、**知らない**という前提で臨むアプローチの有効性を示している。**はっきりした仮説の提示を求めるシステムを社内に構築し、「わからないこと」の受け止め方を教えることで、チームが未知の領域にも恐れず踏み込めるようにしている**のだ。

イントゥイット社では、未来に対する見解（「これはいい市場になる」など）を形成するプロセスに、社内政治的な要素が一切かかわらないようにしている。一般的な組織では、まず「こうである」という見解を打ち出し、その正当性を主張することにエネルギーを使うので、学習が促されない。フィックスした答えや解決策がすべてではないはずだ。一時的なアイデア、優れた推察、暫定的な説明も考えられる。だが、結論ありきで始めると、その主張の正当性を守ることが利益になってしまうのだ。

その点、仮説であれば誰にも既得権益がない。提唱した人物が勝つかどうかではなく、できるだけ多くの説明やモデルを集め、妥当性の証明をしていくことが集団全体の利益になる。探索と修正に主眼が置かれるのだ。仮説を排除できる新たな証拠が出るまで、すべて考慮の対象になる。

残念ながら、多くのビジネス現場ではそうはなっていない。結果を出せ、早く出せ――そんな強烈なプレッシャーのもとでは、複数の解釈や見解をじっくり揉むわけにもいかない。迅速な答えを求める人が上司や顧客であった場合、解決策を出さず、問題を考える新たな角度を示すだけでは、苛立つどころか激昂するかもしれない。仮説を検証するというプロセスには勇気が求められるのだ。

3 対話（ダイアローグ）で多様な声を集める

アレクサンダー・グラハム・ベルが1925年に設立したベル研究所は、世界で最も有名な技術開発組織のひとつといえるだろう。電波天文学、トランジスタ、レーザー、UNIXOSなどを世に送り出し、7つのノーベル賞につながる研究を生んだ場所だ。このベル研究所でキャリアをスタートした戦略およびイノベーション・コンサルタント、デボラ・ミルズ・スコフィールドが、仮説形成と実験を推奨する環境で働くという経験について語っている。

「ベル研究所とAT&Tに在籍した時代は、**知らない**こと、そして発見することの連続でした。『これはなぜ、こんなふうに作用するのか／なぜ作用しないのか』と疑問をもち、その理由を追究するのが仕事だったんです。**知らない**なら、着手の方法は2パターンしかありません。ひとつは、まだ何も仮説のない疑問から始めるか。もうひとつは、検証すべき仮説がいくつかある疑問から始めるか。何が答えになるかわかりません。結果もわかりません。『厳密なところはわからない』という程度のときもありますし、『まったくわからない』というときもあります。それを探し出すのが目標となるのです」

ベル研究所の文化を支えていたのは、多彩な領域にまたがるコラボレーションの土壌だ。物理学者、心理学者、経済学者、コンピューター科学者、数学者、電子工学者など、多様な専門家と意見を交わすことができた。

「私が勤めていた建物は、さまざまな分野の人々がランダムに出くわしやすい設計になっていました。陽のあたる長い渡り廊下や吹き抜けでおしゃべりをしたり、オフィスにこもらずに外で作業をしたり。私も、大きな池のほとりでひなたぼっこをしたり、会社から数分で行ける海辺まで散歩をしたり、あちこちめぐりながら疑問、仮説、実験的な構想などを組み立てていました。オフィスで音楽を聴きながら仕事をしてもよかったですし、自宅で一日中パジャマのままで仕事をしたことも。美術館や画廊に行ってデザインアイデアを探ったことも何度もありました。建物の中、オフィスの中で、四方を壁に囲まれてじっとしている必要はなく、そんなことは求められてもいませんでした」

多様性や差異を内包する仕事環境は、イノベーションと創造性の基盤となる。複雑な課題――課題はそもそも何なのか、解決するためには何が必要なのか、その時点から見解がさまざまに割れるような――に対応するには欠かせない要素でもある。未知に向かうにあたっては人との対話が重要なステップとなるのだ。

会話（カンバセーション）とは、人と人が既存のアイデアを交換する行為である。たいていは互いに自分の見解を主張する。それとは対照的に、**対話（ダイアローグ）のプロセスでは、**

既存の発想や見解をいったん「保留」する。答えを準備せずに、ただ相手の言葉をじっくりと聞く。するると、いつもの習慣的なパターンやルーティンとは異なる反応が引き出される。必ずしも合意に至るとは限らないが、共感と尊敬の気持ちがあれば、深いレベルのやりとりが生まれる。そうした真の対話なら、どんなに激しく対立していた敵同士でも、向き合って互いの言葉に耳を傾けることができる。

イスラエルの青年ダニー・ギャルは、母国における建国史上最大の抗議運動のさなかで、民族、政治的スタンス、その他社会的立場の異なるさまざまな人々が対話する場をつくり、その対話の力を社会変革に活かしたいと考えた。

「この国は変わろうとしています。もう大衆をないがしろにはさせません。リーダーはこれ以上、人々の求めを無視しつづけてはならないのです。市民が何を求めているか知っている、などと決めつけるリーダーはリーダーではありません」

企業でも同じだ。役職や階級にかかわらず、全員が対話の基盤となる。ダニーは政治的主導者ではなかったが、必要と思われる行動を起こすべく立ちあがった。きっかけは、彼自身が組織したイベントだった。イスラエル人とパレスチナ人が集って話す機会をつくったところ、輪になったメンバーのうち、ひとりの若い男性がこんな発言をした。

「僕はパレスチナ人です。故郷の村では消防車の運転手をしていましたが、今はここイスラエルでホームレスの若者を救う仕事をしています。ここに来た理由は、弟が自爆テロを実行して、自分と17人のイスラエル市民の命を奪ったからです。こんな悲劇が繰り返されるのを止めたいんです」

参加者同士でペアを組む時間に、ダニーはその青年に、もっと話を聞かせてほしいと求めた。

「弟は学校で、親友が殺されるのを見ました。イスラエル人に銃殺されたんです。怒りと復讐で心がいっぱいになって、間違った方向にそのかす集団に加わってしまいました」

この話を聞いたダニーは対話の力を痛感した。多様な声をひとところに集めることができれば、それがきっと力になるはずだ。

人と人を結びつけたいという思いに駆られて、ダニーは「ザ・センター・フォー・イマージング・フューチャーズ」というＮＧＯを設立した。自分の属すコミュニティの代表としてではなく、ただ人間同士として、信頼を構築するきっかけをつくりたい。思いやりを媒体として、お互いの痛みと苦しみを理解できるようにしたい。それが設立のねらいだった。

２０１１年の夏、「アラブの春」が始まると、カイロからリビア、そしてチュニジアに至るまで、中東のあちこちに抵抗運動の波が広がった。教育と雇用の基本的な権利と、政府に対する発言力を求めて、数千人が抗議活動に参加した。イスラエルでも同様。高い生活費、増大する格差、政治的リーダーシップの欠如に不満を抱いた人々が、抗議活動を始めた。

きっかけはダフニ・リーフという若い女性だ。彼女は世間に対する意識啓発を目的に、市民的不服従の宣言として、イスラエルの都市テル・アビブの街頭にテントを立てた。ソーシャルメディアとオンラインキャンペーンを通じてこの主張が拡散し、大勢が抗議運動に加わった。設営されたテントは数百個。その夏の1週間にわたって、50万人のイスラエル人が、街頭で社会正義とネタニヤフ政権改革を叫んだ。

ダニーはこの出来事を、抗議活動だけで終わらせず、差異を融合する機会だと考えた。そこで2011年9月10日の土曜日に、イスラエルで最大規模の市民対話フォーラムを開催する。アラブ人、ユダヤ教徒、正統派ユダヤ教徒、ロシアやエチオピアから移ってきたばかりの移民たち、その他の移住者、そして左派も右派も、イスラエル全域の30都市以上から1万人以上が集まり、対話に参加した。

パレスチナ人とイスラエル人の対話を試みたときと同じく、「敬意を払うこと」を基本原則とした。参加者の平等の象徴として設置した1000台の円卓で、参加者はそれぞれ自己紹介をして、参加を決めた理由を説明する。数百人のボランティアがファシリテーターを務め、「あなたが変えたいこと、ぜひ自分が変化を主導していきたいと思っていることは何ですか」といった質問で、議論の方向性を前向きに維持した。

一部の対話はメディアでも報道された。政府に届いて政策に影響を与えた意見もあり、確かに意見が届いたことが確認された。だが、このイベントの最大の成果は、赤の他人同士が集ったこと、それ自体だった。

ダニーがその夜の心境を語っている。

「**知らない**というのは崖の先端に立つようなものです。この向こうへ飛び降りるなんて正気の沙汰じゃない、と感じます。過去の経緯が多くの人の命を奪ってきたとわかっていても、まったく新しい方向へ踏み込むというのは、とてもリスキーです。不安で、足が進まなくなります。僕はそんな状況に立たされると、心臓の音を聞くようにしています。心臓が力強く脈打っていれば、それは、『行動を起こそう』というメッセージです。過去と同じままでいるわけにはいきません。それは確かです。じゃあどうすればいいか、未来はどうなるのか、その理由は何なのか。わからなくていいんです。**必要なのは踏み出すこと**なんです」

4 「意味のあるリスク」をとる

花を開かせるのは怖い。けれど、固いつぼみの中でじっとしたままでいるのは、もっとつらい。そう思う日がついに来たのだった。

アナイス・ニン（作家）

旅行記を得意とするジャーナリストのニック・ソープは、原稿執筆の締切に追われ、望む人生を送るために馬車馬のように自分を駆り立てる生活を送っていた。だが、中年にさしかかった頃から表面化しはじめていた負担が、ある朝、限界に達した。見知らぬ土地での体験記を書くならお手のものだというのに、初めて体験する心理状態の中で、彼は混乱と恐怖に陥った。「机に向かって、さあ締切までにやっつけるぞという気持ちだったのに、急に一言も書けないことに気づいた。両手がさっぱり動かない。いつでもどんなことでもやる気で押し通してきた人間にとって、これは本当におそろしい体験だった。意思の力が永遠に続くわけではない、と思い知らされたわけだから。掘りすぎた石油のように、突然枯渇してしまった」

しかし、感じていたのは不安だけではなかった。未知の領域に放り込まれた彼は、一抹の安心のようなものも抱いていた。

「基本的には降参した。いくつか締切を落とし、何人かを失望させた。でも、完全に燃え尽きるのを避けるためには、忙しさに逃げず、ほかの方法に挑戦してみる必要があった」

この時期の試行錯誤を、ソープは「**精神の探求作業**」だったと感じている。確実な成果に対する執着を捨てるにはどうしたらいいか――さまざまな人やシチュエーションに触れながら、「少し手を放すこと」を試みた。

「最初は文字どおりの意味でやってみた。バンジージャンプもやったし、飛行機の翼の上に立つスタントにも挑戦した。しばらくして、感情や社会的な面でも『少し手を放すこと』を試した。道化を演じてみたり、ヌーディストのコミュニティに参加したり、いろんなワークショップに参加したりして、わざと自分が心もとなくなる状況を味わった」

こうしたリスキーな冒険がどんな結果につながるのか、当時はわかっていなかった。だが今は、この数年が人生において最も充実し、最も大きな転換を果たした時期だったと思っている。人生に対する信頼を強め、今を満喫することを学んだ。養子を迎えるという重大な決断にも踏み出した。

ソープが思うに、**リスクに挑戦できたのは、基本的な安全が保証されていたから**だった。飛行機の翼の上に立てたのは、信用できるハーネスで結ばれていたから。ヌーディスト・コミュニティに参加したのは、そこでは誰も指摘したりからかったりしないという規則があったから。だとすれば、安全に育ててもらえるとわかっていれば、迎えた養子もきっとすくすく育つに違いない。

「8歳になった息子は私たちによく似ている。私のような無謀な挑戦をする人間になるかもしれない。人間は安全を求めるときもあるし、リスクをとるときもある。自分を信じて未知の方向に踏み出し、どうなるか見てみる。それは、子どもが育つうえで普通に経るプロセスだ。ミスや失敗をするのも、**知らない**というのも、成長の一部にすぎないんじゃないだろうか。そう信じて、**不安を捨てることができれば、何でも受け入れられる**と気づいた」

未知との境界線で体験する恐怖や不安は、何の根拠もない感情ではない。未知のものは確かに怖い。自分のアイデンティティも、安泰な生活も、もしかしたら幸せな日々も危険にさらされるかもしれない。その先へ進むかどうか、判断は簡単には下せない。自分はどんなふうにやっていくつもりなのか、どんなシチュエーションが待っているのか、自分にはどれだけ耐える力があるのか、サポートは得られるのか――挑むリスクのレベルを測るために、ひとりひとりが自力で検討しなければならないのだ。

5
冒険する——映画監督、ヒッチハイクで旅する

岸を離れる決意をして、それから長く旅してきた者でなければ、新しい土地には出会えない。

アンドレ・ジッド（作家）

2012年5月。『ポリエステル』や『ヘアスプレー』といった映画で知られ、カルト的作風から「クズの法王」という異名もある映画監督・脚本家のジョン・ウォーターズは、アメリカ横断の旅に出た。故郷であるボルティモアからサンフランシスコまで、8日間かけてヒッチハイクで旅したのである。

シンボルマークの薄い口髭をたくわえた姿で、「私は異常者じゃありません」と書いた段ボールのサインを車道に掲げて、大勢の赤の他人の手に運命を委ねながら目的地を目指した。彼はこのときの経験を『車酔い（Carsick）』と題した本にまとめており、いずれ映画の脚本にしよ

うと考えている。

乗り継いだ車は計15台。81歳の農夫、イリノイ州から来た夫婦などが彼を乗せた。その後、どしゃぶりの雨の中、シボレーを運転する若い共和党の市会議員がウォーターズを拾った。ホームレスだと思って同乗させ、メリーランド州からオハイオ州まで4時間かけて送り届けた議員は、ウォーターズのことをおもしろがって、コロラド州デンバーで再度連絡して車に乗せた。今度は1600㎞、22時間のドライブで、ネバダ州リノまで。さらにサンフランシスコでもう一度落ちあって、自分のアパートにウォーターズを宿泊させている。[82]

また、ブルックリンからツアーで来ていたインディーズ系ロックバンド「ヒア・ウィー・ゴー・マジック」が、高速出口のランプのそばで「人間のクズ」と書かれた帽子をかぶるウォーターズの姿に気づき、目を疑って、彼を車に乗せたこともあった。オハイオ州の州間高速道路50号を、ウォーターズはこのバンドの車で運ばれた。[83]

ウォーターズは、ニューヨーク・タイムズ紙のインタビューで、「風の向くままに旅する」という希求に押されたと語っている。

「私の人生は予定でぎっしりだ。自分が人生のハンドルを握っていなければ、という思いを捨てたらどうなるだろうか、と考えた[84]」

その冒険は、彼に意外な気づきをもたらした。

「人生が自分をどこへ連れて行くかわからないというのは、胸が躍ることでもあるんだ、と」

オーストラリア人冒険家で、オーストラリアン・ジオグラフィック誌が選ぶ「2012年の冒険家」に28歳で選出されたクリス・ブレイが、新しい冒険に乗り出すときの気持ちを、ウォーターズと同様に語っている。

「人類が今までしたことのないことをする、行ったことのない場所に行く。それは特別な意味があるんだ。初めての体験をすれば、誰だって意識が研ぎ澄まされて、エネルギーがわいてくる。だけど、それだけじゃない。『僕が〝初〟なんだ』と思うと、『〝初〟ってことは、この先何があるかわからないんだぞ。何だってあり得るんだ』と痛感する。先の見えない未知の世界に踏み込んでみると、自分の視点がまたひとつ新しくなる。五感のすべてが冴えわたって、今をせいいっぱいしゃぶりつくせ、と言われている気になる。何ものにもかえがたい貴重な体験だと思う[85]」

知らないというのはスリリングだ。そのスリルは、人生を生きる価値のあるものにする。毎朝まったく同じ時間、同じコンディションで起床して、同じ人と顔をつきあわせ、同じ試練と機会しか与えられないと想像してみてほしい。コメディ映画『恋はデジャ・ブ』では、ビル・マーレイ演じる主人公、気象予報士のフィル・コナーズが、同じ一日を何度も何度も繰り返す時間のループにはまり込む。最初は、自分だけが周囲の行動を知っている特権を活かして、女性を口説いたり、法を破ってみたりするのだが、やがて退屈し、ふさぎ込み、苛立ちをつのらせていく。自殺もできない。ただ毎朝、ラジオから流れる同じ音楽とともに目覚めるだけなのだ。

すべての予測がつく世界だというのに、コントロールできない人間関係が、フィルを苦しめる。恋した女性が去っていくのを防ぐこともできない。先が予見できるからといって恋愛を思うとおりにすることはできないのだ。フィルは、毎日を知っているという立場ながらも、一日をその日ごとにつくっていくことにした。氷の彫刻をつくったり、ピアノを練習したり、毎日新しいスキルを学びながら、既知のループの中で未知を求めたのである。

6 実験的なアプローチ——ドラッグ合法化という発想

第32代アメリカ大統領フランクリン・D・ルーズベルトは、1932年5月22日の日曜日、ジョージア州オーグルソープ大学の卒業生に祝辞を贈った。そのときの象徴的な言葉は、現代におけるアメリカの政治展望をも鋭く看破している。

「この国は大胆かつ粘り強い実験を必要としている。私がこの国の風潮を読み違えているのでない限り、それは必要どころか、絶対に欠かせないのではないかと思う。もちろん、良識をもって挑戦しなければならない。失敗したら、それを認め、また別のことに挑戦しなければならない。しかし、まずはともかく試してみなければ、始まらないのだ[86]」

それから80年後、2012年の民主党全国大会で、第44代大統領バラク・オバマがルーズベルトの言葉を引いて演説を行なった。

「数十年ごしで築かれてきた課題を解決するには、2、3年ではきかぬ年月がかかるだろう。ともに努力し、責任を共有していかなければならない。そして、フランクリン・ルーズベルトが現代の危機を唯一上回る危機のさなかで追求したように、大胆かつ粘り強く実験していかなければならない」[87]

このふたつのスピーチは、両方とも、民主・共和双方から批判を呼んだ。当時はニューヨーク知事だったルーズベルトは、ニューヨーク・タイムズ誌から、陳腐で具体性に欠けると叩かれている。側近であったルイス・ハウにも、おそろしいほどの無知の表れだと評された。[88]

だが、歴史が証明しているとおり、オーグルソープ大学でのスピーチはルーズベルトのキャリアの分岐点だった。１９３０年代の大恐慌対策にも、ニューディール政策にも、最初の任期に成立したさまざまな取り組みに際しても、ルーズベルトは実験的アプローチで臨んでいる。ときには衝突する複数のプロジェクトを同時進行させるので、スタッフや顧問を激怒させたとも言われている。

リーダーが政治を「実験」という言葉で語るなど、めったにあるものではない。しかもそれを行動に移すとなれば、なおさら稀なことだ。だが、世界で最も難しい試練であるドラッグ問題と戦うリーダー、ウルグアイの第40代大統領ホセ・ムヒカは、２０１３年末にマリファナ合法化法案を通過させたとき、それを「ひとつの実験」と呼んだ。

社会科学者はドラッグ合法化の影響についてさまざまな実験をしているものの、政府がそれを実際に行なうというのは、きわめて異例である。マリファナを合法化した国家政府は存在しない。ウルグアイは、ラテンアメリカにおけるテストケースとして、初めてその試みに着手した。「ドラッグと戦っても効果はない」と宣言し、違うやり方で取り組もうというのだ。ドラッグカルテルのビジネスモデルを壊し、それがもたらす暴力と破壊が成立しないようにするのである。

ムヒカの政策は、彼自身の生き方と同調している。つつましく地味な生活を送っており、給料の90％を慈善団体に寄付していることで有名だ。彼は世界で最も貧乏な大統領であるという指摘は、ネット上で大きく広まった。哲学者であり、真の進歩主義者でもある。多方面からの反対を退けて、強い目的意識のもと、ムヒカはあえて未知の領域に挑む。大胆な実験に伴うリスクを覚悟しつつも、必要に応じた軌道修正していく心づもりがある。

「リスクは当然ある。どんな実験でもそれは同じだ。リスクが大きすぎるなら撤退しなくてはならない、と理解しておく必要がある。やみくもに突っ込めばいいというものではない」

実験的なことをしようとすれば、最初に生じる反応は、たいていの場合は「抵抗」だ。リスクを嫌悪する層は特に強い抵抗を示すだろう。社員に自由裁量を与えたエナジェティコス社の話を思い出してほしい（174ページ）。社長のピーター・キングが組織図を放棄する案を提示したとき、上層部は驚愕した。誰が誰の直属かわからない状態で、どうやって部下を管理できるというのか。キングがさらにもうひとつ、役職と管轄の撤廃という大胆な案を示すと、抵抗はさらに強まった。数時間におよぶ激しい討論を経て、キングは3カ月の実験を提案した。このやり方は、エナジェティコス変革推進プロセスの象徴となっている。パラダイムシフトを促し、新しいマネジメント体勢のメリットを納得させるには、実験こそが最善の道だった。「実験であれば、プロセスをコントロールしたい欲求、特定の結果を求める期待から、我々自身が解放される」

実験に「ひとつのやり方」はない。むしろ、目の前の試練に対し、複数の手法で解決を試みられるからこそ実験なのだ。組織は一般的にリスクを嫌い、忍耐強さに欠け、実験的手法を選べない。投資するときは、痛みやコストを伴わない結果を手っ取り早く得たいと期待する。しかし、実験を推奨する組織のほうが革新性を発揮し、成功を収めやすいことは、研究でも明らかだ。チームでも、**頻繁に実験するチームのほうが、そうでないチームよりも高い業績をあげる。**[89]

ユーロスターも、アイデアの実験を推奨する企業として知られている。だが、大勢の社員がかかわり、膨大な数の乗客にも影響し、すべてを円滑に回すために数多くの手続きが必要となるビジネスなので（233ページ）、小さな変革でも大きな試練となりかねない。

そのためユーロスター社では、アイデアの実験は限られた範囲で行なうことにしている。大きな変革を起こそうとせず、2カ月ほどの期間で実施できる小さな実験を考えるのだ。ビジネスクラスの乗客を対象として、車内でタクシー予約サービスの提供を始めたのも、そうした試みの一例だった。反応がよかったので、現在ではレギュラーのサービスとなった。

ニコラス・ペドロヴィックCEOの説明を聞こう。

「この案が最初に出た時点では、ビジョンはあったが、実際に運用するための設備が整っていなかった。『絶対にうまくいかない』と大勢から言われたが、試してみることにした。いろいろと変更し、改善し、学びながら整えていったのだ。**失敗も含め、実験を通じて学ぶという学習方法に慣れていない人は多い。すぐに提示されるソリューションを欲しがってしまう。実験を推奨する文化をつくるには、まずは現場のマネジャーたちを巻き込んでいく必要がある。**彼らの信頼が得られるかどうかで成否が決まるのだから、上層部が中途半端で投げ出したりはしない、と現場を納得させなくてはならない。着手しておいて投げ出すほど悪いことはない。我々は常に学びながら変革を進めていく」

問題解決よりも実験指向の社風を育てることのメリットは多い。実験指向の考え方であれば、自分の判断と行動にすべてかかっているというプレッシャーを感じさせず、メンバーの挑戦を促せる。複数の実験の同時進行もできるが、だとすれば必然的に、効果の有無を慎重に見極めることになる。そうなれば組織全体のフォーカスが、実験から得られる学びと、学んだ内容の拡散に置かれるのだ。

7 失敗を受け入れる——偶然のミスから絶妙なソースは生まれる

失敗は、私たちを中心から外へと連れ出してくれる。見知らぬ場所、まだ拓かれていない場所へと。

ジョン・カデル（作家、『失敗銀行』著者）

ジョフ・メンダルは、カリフォルニアにある世界有数のインターネット企業でエンジニアとして働いている。彼はコンピューター・エンジニアの典型的なタイプだ——内向的で、几帳面で、何事もかっちりと進めたい性分。その一方で、少々マニアックといえるほど食べ物への愛情を抱いていたジョフは、料理を学ぶことにした。最初は何をどうしたらいいかさっぱりわからず、たくさんミスをした。練習を重ねるうちに技術は身についたが、そうなると今度は料理が退屈になった。

「同じ料理を同じ方法で、同じ結果で何度もつくる。それが無駄だといっているわけではない、むしろ正反対だよ。レストランの常連客は食事がいつでも必ず同じクオリティであることを望むんだから。季節、入手できる材料、厨房で実際の調理にあたるチームがどうであれ、いつでも前と同じ食事をしたいと期待している」

毎回同じ料理を同じようにつくることはひとつの試練だ、とジョフは言う。その試練には相当のスキルと能力を要する。

「問題は、気持ちの部分なんだ。何百回と練習した料理なら、毎回確実に同じクオリティで仕上げて、確実に期待に応えられるとわかっている。でも、毎回ただ同じようにつくっている限り、私自身の学びや向上の要素が何もない」

ジョフはもっと本格的に料理にかかわろうと決意し、プロを養成する調理学校で1年間の夜間コースに通うことにした。あるとき、数種類のソースを同時進行で用意するレッスンで、ジョフはふたつのソースの材料を取り違えた。講師が様子を見に来たときには、もう手遅れ。講師は間違いを指摘したが、そのままつくってみてください、と言った。何か学べるかもしれませんから、と。

「ひどい仕上がりになるだろうと思った。片方は本当にそうなった。でも、もう片方はびっくりするくらいおいしかったんだよ。もち帰って妻に試食させたら、いっぺんで気に入ってくれてね。もう一度つくってと懇願されたのに、それができない。レッスンで経た一連の失敗を正確に覚えていなかったからだ。あるのは、本来つくるはずだったふたつのソースのレシピだけ。そこで、本来の材料とプロセスを入れ替えながら試してみたんだが、私の失敗作は——あの魔法のソースは再現できなかった」

失敗作の再現に成功したのは、3年以上の試行錯誤を経たあとのこと。今では、調理学校でのミスから生まれた絶妙なソースを、毎回確実につくれるようになった。

当初の自分は料理と調理学校に対してエンジニア的な考え方で臨んでいた——とジョフは認めている。ルールを理解し、それを守れば、必ずきちんと結果が出るという思考回路だ。だが調理学校の講師は、そうしたアプローチにこだわっている限り優れたシェフにはなれない、と教えた。ルールに固執するのをやめ、レシピは未知の旅路の出発点にすぎないと認められるかどうかが、ジョフにとっての試練だったのだ。

「手元に集中し、そのときそのときの展開と真剣に向き合い、すみやかに適応する。それが素晴らしい料理をつくるんだ。エンジニアにとって、プランを放棄するのは簡単じゃない。計画から好きに離れていいと思っているエンジニアがつくった橋は渡りたくない。でも、料理は違う。そうした姿勢が必要だし、効果的なんだ」

調理学校を卒業してから、ジョフは多くのプロのシェフと知り合った。大規模なケータリングの需要があるときや、チャリティイベントで料理を出すときに、一緒に厨房に立つこともある。一流の腕前、最高の料理、立派なレストランで高い知名度と尊敬を集めるプロと接するうちに、メニューは当日、またはせいぜい前日に決定されることが多いと気づいた。調理チームにあらかじめメニューの説明がなく、プランの一部が口頭で伝達されるだけの場合もある。シェフたちはプロセスの大半を**知らない**で取り組むのだ。もちろん材料の量や種類はきちんと検討される。だが、ひとたび注文が入ったら、実際の調理プロセスはほとんどがその場その場で決められていく。当初の想定とは異なる料理、異なる調理方法になることも珍しくない。シェフはこまめに味見をしつつ、つくりながら調整していくのだ。

「最終的にどんな料理になるか、どんな味になるか。それを決めつけずに取り組むのが当たり前とされる場で、最高の料理が生み出されていく」

ソースのつくり方を間違えたジョフは、**ミスを認識し、そこに新たな価値を見出せたおかげで、かつては想像もしなかった可能性の世界を開いた。**一般的なビジネス環境は、これとは正反対だ。ミスをすれば、それは失敗または能力不足と結びつけて解釈される。だが、アメリカの病院を対象とした研究では、ミスに対する学習精神の有効性が明らかになっている。**生じたエラーをきちんと文書化している看護チームは、仕事のクオリティが高かった**のだ。職場の人間関係の質や、看護師長のリーダーシップも重要な要素だった。エラーをオープンに話し合える環境だからこそ、ミスを早期に発見できていたのである。[90]

ユーロスター社も、ミスから学習する文化こそ大きな機会だと認識している。先述のニコラス・ペドロヴィックCEOは、「**人間にとって最大の学習は、ミスを受け止めることではないか**」と語っている。

「ミスを真剣に受け止められる人材は、社則で縛るよりもはるかに効果的に、自分と周囲をしっかりと律していく。われわれは、ミスから学習し成長する社風の構築に力を入れている。**知らない**ことを力に変えていくためのカギだ」

多くの発明を世に出した人ほど、ミスを当たり前のことと受け止めている。トーマス・エジソンは「**私は、私が知っている誰よりもたくさんのミスをする。そして最終的に、そのミスの特許をとる**」と語ったと言われている。自動車メーカーのトヨタは高い効率と品質を維持するシステムで知られ、世界中のメーカーから研究対象とされているが、そのシステムの一環として定期的な会議を開き、社員同士が自分のミスを紹介し合い、学び合っているという。安心してミスを披露できる文化が確立しているのだ。MITビット・アンド・アトムズ・センター所長のニール・ガーシェンフェルドの言葉を借りれば、「**バグはひとつの機能**」であり、「期待を破ることは、それを磨いていく機会」なのである。

8 早めに失敗する——ゴールドラッシュから引き継がれた起業家精神

2003年2月1日、スペースシャトルのコロンビア号が、テキサス上空で大気圏への突入に失敗。シャトルは空中分解し、7人の搭乗員全員が命を落とした。断熱材が剥落して船体にぶつかり、再突入で生じる高熱のガスが宇宙船内に侵入したのが直接的原因だった。

だが、一方でこの悲劇は、組織的・集団的失敗のケーススタディとしても広く知られている。調査チームがNASAという集団のダイナミクスを調べたところ、人の意見をすくいあげ、学び、質問をしていこうとする風潮が欠如していた点、権威にたてつくのは危険であるという心理が蔓延していた点が明らかになった。データ主導の問題解決と定量分析に頼り、まだ試したことのない発想や、不完全で厄介な情報の追及を推奨しない文化だったのである。[91]

問題は失敗そのものではなく、失敗に対する姿勢だったのだ。恥をかき自信を失うのを回避するために、潜在的なミスを見ようとしなかった。自分や既存の見解を支持することに尽力し、現システムでは不都合があるかもしれないという可能性に目を開かなかった。実際のところ、調査報告によれば、断熱材が剥落し本体に衝突する危険性は懸念されていたにもかかわらず、NASA上層部は17日間をかけてその可能性を排除した。結局はそれこそが決定的な問題であったのに、衝突によって生じる先の展開を考えなかったのである。[92]

私たちは成功や達成といった観点から自分たちの価値を測る。野心を示すのが誇らしいことだと考える。自分と他人に高い期待をかけやすく、それゆえに目標を達成できないと失望感を抱く。うまくいけば功績は自分のもの、失敗すれば他人のせい。自分が失敗すれば驚くし、「失敗は許されない」と言われても動揺する。ミスをしたらひどく落ち込み、無能をさらした自分は価値がないのだと受け止める。

失敗に対する姿勢は、取り巻く文化に影響されることが多いようだ。たとえばシリコンバレーや新興企業の世界には、アメリカの起業家精神文化の典型的ダイナミズムがある。失敗を誇らしく受け止める姿勢は、スタートアップのモットーとされる「**早めに失敗せよ**」という言葉にも色濃く表れている。一部の業界では、**ビジネスを立ち上げて少なくとも一度は失敗させた経験がないと、投資家から信頼されにくい**といわれているほどだ。失敗し、それを受け入れた経験が、のちの成功のカギとなるのだ。

開拓時代のゴールドラッシュにわいたアメリカ西部を思い浮かべてほしい。ピューリタンの労働倫理は失敗をタブー視しなかった。大勢の人々が、どこに金があるのかわからないまま、あちこちを掘って砂をふるいにかけた。掘ってみても金が出ない、すなわち「失敗」は、いつか金を掘り当てる、すなわち「成功」に向けた作業の一部だ。

何万人もの人がこのプロセスを経るうちに、失敗という概念が徐々に痛みを伴うものではなくなっていった。これは現代のシリコンバレーに流れる起業家精神と呼応する。こちらも、何かに挑戦して失敗するというのはネガティブなものとは見られていないのである。

アメリカの世界的なデザイン会社IDEO《アイディオ》は、その心髄たる哲学として、「つくって学ぶ」というモットーを掲げている。答えが出る前に行動してみる。リスクに挑戦してみる。不格好なものを育ててみる。こうしたことはいずれもIDEOでは推奨され評価される。初めてスキー旅行に行った社員が3日間一度も転ばなかったことを会議で自慢したときに、称賛されるどころか、安全な範囲にとどまって挑戦しなかったことを冷笑された――というエピソードもあるほどだ。[93]

私たちは失敗の痛みを避けるのではなく、それを重要なフィードバックととらえることができるはずだ。**失敗は学ぶための機会**だと考えればいい。自動誘導式ミサイルが、撃ち上げられてからもコンスタントにフィードバックを得て弾道修正するように、私たちも積極的にフィードバックを求め、道のりの途中でも方向を修正する。歩きながら、しょっちゅうバランスを崩しながらも、転ぶなら前方へ転び、一歩ごとに自分を立て直していく。最初から失敗の可能性があることを理解した起業家となって、あらゆる選択肢を検討し、失敗するポイントを観察する。進みながら調整していこうという意欲をもつ。

失敗を恥と後悔の源と見ずに、複雑で不確実な環境においては許容可能な——いや、むしろ不可避な構成要素だと考えればいい。最初から正しく進まねばという期待がなければ、立ちあがってもう一度挑戦することもできるではないか。

『ハリー・ポッター』シリーズの作者、J・K・ローリングは、ハーバード大学の卒業生祝辞で、「**(失敗とは)不要なものをはぎとること**」と表現した。挫折を経験したローリングは、自分を偽るのをやめ、自分にとって本当に大切なこと、すなわち執筆にエネルギーを注ぎはじめた。

「私は自由になりました。何しろ、一番恐れていたことは、もう起きてしまったのですから」

何もかもうまくいっていたら、ローリングが執筆への覚悟などもつことはなかったに違いない。**何が重要かを気づくために、私たちはときに失敗する必要があるのだ。**

9 やらない理由がどこにある？

あなたは「なぜ？」と仰いますね。いつも「なぜ？」ばかり。今あるものを見ては「なぜそうなの？」と仰る。私は、今はまだないものを思い浮かべて、「なぜないのだろう？」と考えるんです。

ジョージ・バーナード・ショウ（劇作家）
「メトセラへ還れ」より、イブと会話する蛇の台詞

慈善団体「トレーニング・フォー・ライフ」の設立者、ゴードン・デシルヴァは、その社会的企業活動を評価され、２０１１年に大英帝国勲位を授与されている。トレーニング・フォー・ライフは社会的投資、寄付、イベント収益などで数百万ポンドの資金を調達し、２万人近い人々に仕事や正規教育への再チャレンジを促してきた。２００３年に創業した「ホクストン・アプレンティス」というレストラン事業でも、数百人の失業者に職業訓練を受けさせ、シ

エフ、ウェイター、バーテンダーとして雇用している。

デシルヴァの社会貢献のキャリアは、児童養護施設ドクター・バーナード・ホームでの仕事から始まった。あるとき、施設を出た若者が、ロンドンのアールズコートという地区に流れていってしまった。当時それは「売春を生業とする」と同義語だったのに、まだ幼く何の力もない若者は、ほかに生きていくすべがなかったのだ。「腹立たしくてたまらなかった」と、デシルヴァは語っている。

「養護施設を離れた子どもが社会に出ていくための支援施設が必要だ。だが、そのためのカネがない。何しろサッチャー政権下だ。予算は削られ、社会復帰支援という領域は何も整ってやしない。だから私はこう考えた――『かまうもんか。自分で資金を集めてやる』とね」

広告会社や住宅協会の協力を得ながら、デシルヴァは古いビクトリア時代の建物を手に入れ、それを改築した。イギリス初の社会復帰支援施設《アフターケア・センター》だ。若者が社会に出るため、ここが安全な中継地点の役割を果たした。10人を住まわせられる規模があり、人生を変えていこうとする若者が数年で数百人も身を寄せた。

この頃のデシルヴァは第3セクターに対する信頼を失っていた。きちんとした運営・経営態勢をもたず、寄付金に頼るばかり。社会に対して重要な役割を担っているのに、そこで働く職員に払われる賃金はあまりにも低い。デシルヴァの下した決断は、不動産開発ビジネスに乗り出すことだった。ところが、手を出した株で大きな損失を出した。当時の金利は18%だったので、負債の悪循環に落ち、生活の維持が不可能になって、1992年に破産した。少し前に母も亡くしていたデシルヴァにとって、これは大きな衝撃だった。

「それまでの6年間の私は、自分を失い、金とステイタスがすべてになっていた——そう痛感したんだよ。自分自身を立て直す必要があった。じっくり内面と向き合う時間をとるため、バックパックで半年ほど放浪の旅に出た。黒か白かの人生に、グレーを取り戻す必要があったんだ。私が私らしくいるための、二者択一のどちらかに収めない余地を」

放浪を終えて帰宅し、あらためて再スタートを誓った。マイケル・ジャクソンが設立したヒール・ザ・ワールド財団がCEOとなる人材を募集していたので、応募するも、不採用。だが、「NO」を答えとして許容することがめったにない彼は、再挑戦を試みた。求人情報を見たばかりというふりをして、締切を過ぎたが応募できるかと問い合わせ、許可をとりつけた。250人の応募者の中から最後の3人にまで残ったが、面接の直前になって、以前に不採用にしたことに気づいた担当者から、面接はしないと告げられた。

デシルヴァはひどく落胆したが、「だったら自分で設立してやる」と思いがこみあげてきたという。

「社会的企業（ソーシャル・エンタープライズ）」という言葉が一般的になるよりはるか以前のことだ。デシルヴァが考えていたのは、社会に貢献し、なおかつ収益性と持続性のあるビジネスモデルだった。そして1995年にトレーニング・フォー・ライフを創立。使われていな

AMBIGUOUS CHALLENGES

よくわからない試練にぶつかったときは
新しい目で見てみること

REQUIRE NEW WAYS OF SEEING

い建物を活用し、社会的に不利な状況に置かれた若者のための教育と職業訓練の場に変えた。

トレーニング・フォー・ライフは、前述のホクストン・アプレンティスを含め、２０１１年にその役割を終えた。ひとつの事業を終結させた彼は、また小休止の期間をとり、今度はイタリアに赴いた。そしてイタリアでも、閉鎖された女子修道院を買いとって、そこを新たな役割をもつ場所に生まれ変わらせている。「レガシー・カーサ・レジデンシア」という宿泊施設だ。心身の休息や充足を支援する講座や研修を提供するとともに、企業幹部を集めて社会問題への対策を話し合う機会もつくっている。

「ビジネス、学問、政治において、私たちは実に幅広い試練に直面している。立ち向かうためには協力し合わなければ。社会貢献はビジネスとして成り立つんだ、と理解するべきなんだよ。ときどき、『どうしてこんなことをしているのか』と自問することもある――だが、答えはいつでも『やらない理由がどこにある？』だ。必要なことだし、今のところ誰もやっていないんだから、とね」

デシルヴァは屈服と敗北にまみれるのではなく、却下と失敗から生じる可能性に目を向けた。彼の「やらない理由がどこにある？」という態度が、先が見えなくても行動する勇気を与えているのである。

10 責任を引き受ける

ジェニファー・ゲイル（仮名）は、国際的な金融機関で技術担当部長という役職にある。会社が大々的な組織再編を行なうことになり、大勢の社員の先行きが保証されない状態となった。ジェニファー本人は新たな役職を提示されたので、職の心配は無用だったのだが、彼女はこの事態に当時者として向き合うことにした。

時期は2011年。2008年の経済危機が、ビジネス界全体にまだ色濃く影を落としていた。多くの企業が資金繰りに苦しみ、人員を削り、新規雇用を減らした。人事査定や成果物の見直しを通してさまざまなコスト削減を図っていた。

ジェニファーがそれまで率いていたチームも整理の対象だった。彼女は何年も、この有能な人材プールを支えることに全力を投じてきた。ともに働きながら、スキルを伸ばし経験を広げる後押しをしてきた。彼らが配偶者を見つけ、家族をもち、本人にとっては外国である土地で生活を確立していく様子を見守ってきた。そうしたメンバーのスキルと、組織に対する貢献と熱意を考えれば、彼らが失業の危機にあるのを見ているのは非常につらいことだった。

「私には選択肢がありました。約100万ドルのコストを削減するために、トップから下された決断をただ受け入れるのか。それとも、失業によって彼らの生活に影響がおよぶのを避ける方法はないか、できる限りの可能性を探ってみるのか」

ジェニファーにとっては、この問題は自分の担当ではないと片づけたほうが、はるかに楽だった。何しろ、もはや自分が統括するチームではないのだ。予算も、自分が管理する予算ではない。だが、ただ手をこまねいているわけにはいかない、と決意した瞬間のことを、ジェニファーは今もありありと記憶しているという。

「デスクに座ったまま考えていると、この試練で味わうみんなの苦しみが自分のことのように感じられました。その瞬間、これじゃだめだ、と悟ったんです。彼らに何が起きるか知っているのに、彼らの職を支えるために何も手を差し伸べない自分ではいたくない、と」

焦点が定まると、エネルギーがわいてきた。自分の社内外の人脈を活かそうと決意し、アルファベット順のローラー作戦で、メールや、電話や、インスタントメッセージを送りはじめた。

「経験豊かな一流の人材を必要としているポストはありませんか?」

うれしくも、そして驚いたことに、反応はあった。そこで先方の採用担当者との面接を設定しながら、チームメンバーと話し合い、新しい機会について説明した。

「リストラについてしゃべってはいけないと申し渡されていましたから、私自身の説得として話さなければなりませんでした。キャリアアップにつながるかもしれないから、チャンスとして面接を受けてみてはどうか、と勧めるだけです。彼らは私がお膳立てしたポストを蹴るかもしれません。結果は私には判断がつかないと覚悟して、リスクを引き受ける必要がありました」

さまざまな方面にはたらきかけ、最善のマッチングに努めた苦労が奏功し、1週間後には25人が新しい道を決めていた。本人のキャリアを伸ばす、胸躍る新しい機会だ。そしてコスト削減目標も見事に達成した。

「責任をとると決めたことで、25人の人生だけでなく、私自身にとっても大きな意味がありました。逃げずに正しいことをしているんだ、という思いを味わったのです」

「未知のもの」を楽しむ

CHAPTER 9

"We have learned that the past will be a poor guide to the future and that we shall forever be dealing with unanticipated events. Given that scenario, organizations will need individuals who delight in the unknown."

過去は未来の道案内としては役立たずである。私たちは永遠に、予期せぬ出来事とつきあっていかなければならない。こうしたシナリオを鑑みれば、これからの組織に必要なのは、未知の場に置かれることを喜べる人間だ。

Business thinker and author Charles Handy

チャールズ・ハンディ（経営思想家）

1
愚かさを楽しむ——タロットカードとジョブズのメッセージ

「愚者は己を賢いと思う。賢者は己が愚かであると知っている」

ウィリアム・シェイクスピア
『お気に召すまま』より、道化の台詞

答えを知らずに判断するのは、もちろん愚かなことだ。だが、私たちはときに愚者のふるまいをしなければならない。タロットカードには「愚者」と呼ばれる1枚が含まれている。たいていの場合、そのカードに描かれているのは、崖の先端で足を踏み出そうとする男の絵だ。小さな袋をもっていて、旅で必要となる能力のすべてがそこに入っている。片手にもった花が象徴するのは美しいものを愛でる心。そして彼の顔は北西を——未知の方向を向いている。

愚者はあらゆる可能性を表している。流動性と柔軟性のイメージだ。愚者は落ち着きがないが、機知に富み、決してひとところにとどまることはない。性格はあけっぴろげ、正直、そして気まぐれ。自由な精神の持ち主で、あらかじめ決められた道ではなく、流れるがままに進んでいく。

現代社会では、こういう人物は「青臭い《ナイーブ》」といわれるのかもしれない。しかし愚者のカードが主に伝えるのは、「慎重になりすぎるな」というメッセージだ。信じて飛び込み、旅の進むままに身をゆだねろと誘っている。スティーブ・ジョブズが、2005年にスタンフォード大学の卒業生祝辞で「**ハングリーであれ。愚かであれ**」と言ったのも、そういうことだ。

2012年、世界経済フォーラムが選出する「ヤング・グローバル・リーダーズ」に最年少で選ばれたラジーブ・デイは、インターン仲介ビジネス「エンターンシップス」のCEOであり、起業家を支援するNPO活動「スタートアップ・ブリテン」の設立にも携わっている。キャリアの初期のほうが愚かでいられた、と彼は語る。経験を積んだ企業家になった今は、未知に踏み出すにあたって、以前よりも勇気を要するのだという。

「起業をした、そもそものきっかけは個人的なことだったんです。自覚はなかったですけど、あれが僕の起業家精神に最初の火をつけたんですね。納得のいかないことがあって、自分がそれを改善できるかどうかやってみたい、という気持ちが生まれました」

「最初の火がついた」のは、彼がオックスフォード大学の学生だったときのことだ。自室でノートパソコンを開いて、卒業後の就職先をあれこれと検索していた。パソコンの画面に飛び出してくるのは、「会計」「コンサルタント」「法務」「経営」といった言葉ばかりだ。

「大きな会社に入れば、輝かしく確実で成功ばかりの道が用意されていると信じる人にとっては、それらは確かに輝かしく確実で成功を約束した道なのでしょう。でも僕は、大きなもののちっぽけな一部になることに興味はありませんでした。自分の力で身を立てていきたかった。そのための道はどこで探せるんだ、と考えました」

苛立ちを募らせた彼の脳裏に、ふと、あることが浮かんだ。これまで課外活動として、地元のさまざまな新興企業にかかわってきた。求人検索で出てくる大手企業より、そういう新興企業のほうが、自分のような人間には合っているのではないだろうか。小回りのきくチームで働くこと、ゼロからスタートして世の中に何らかの貢献をすること、主体性と責任と情熱をもって働くこと――そういう試練を楽しむタイプにとっては、新興企業の求人情報こそが欲しいはずではないだろうか。

「大手企業は『やる気にあふれ、若々しい発想の持ち主を求む』と謳っていますが、そういう人材が求められているのは、やる気にあふれた若々しい新興企業のほうなんじゃないでしょうか。それなのに、このミスマッチです。もどかしく感じました。僕に何とかできるんじゃないか、と思いました」

その段階で彼の頭にあったのは、問題に挑戦してみたい、という思いだけ。それが結果的には、彼にとって大きな意味をもっていた。

「問題を解決するにはどれだけ学ばなければならないか、はっきりわかっていたとしたら、きっと道の遠さに目眩がしていたことでしょう。でも、わかっていなかったおかげで、僕の意思は揺らぎませんでした」

白紙の状態だったからこそ、解決したい問題を意識の前面に出しておくことができた。最優先でやりたい項目に掲げていることができた。

意欲に燃える「青臭い」学生だったラジーブが、自分が何もかも熟知しているわけではないという大前提で模索を続けたのは、彼にとって大きな武器となった。

「わからないことばかりで乗り出せば、わかること、つまり自分の信念の核の部分を、すべての軸にできるんです。それがあれば話はかなりクリアになります」

もちろん、当初から多少なりと知識があったほうが、エンターンシップス社創業への道のりは、実際よりもはるかに効率的になっただろう。無用な回り道をさせられることも少なかっただろう。本人もそれを認めている。

「何から着手すればいいか理解もせず、無鉄砲に飛び込めばいいってもんじゃないんです。そんなことは勧めません。むしろ正反対です。僕が言いたいのは、もっと単純なことです。起業家として、大きく思えるチャレンジに挑もうとするなら、自分を不安から解放する方法を見つけることが大事なんです」

今のラジーブには、学生のときと同じあっけらかんとした「青臭さ」で、プロジェクトに飛び込む贅沢は許されていない。彼いわく、**未知に飛び込む自由は常に享受できるわけではない**のだ。だが、これまでにさまざまな責務と作業を引き受け、これからも多くを担っていこうとするなかで、ラジーブはいつでも自分に問いつづけているという――そのことについて何も知らない初心者だとしたら、どうするだろう？　何が残るだろう？　自分が解決しようとしている問題の本質は何で、解決したいと思う理由は何なのだろう？

「今でも、こうした問いが僕の仕事の指針となります。これからもそうでありたいと思っています。一番最初は、わからなかったからこそ、勇敢になれました。思い切って飛び込めました。今は、知っていることが増えてきて、それに対して大胆に臨むのは少し難しいです。でも究極的には、自分にはどんなミッションがあって、心の中の問いにどう答えているかが大事なんです。そのことをはっきり自覚して、前に進んでいられるならば、どんなことにも挑戦できます」

2 ユーモアというスキル

既知と未知との境界線に立つと、人生が突如として深刻なものに思えてくるかもしれない。それは自然な感情だ。リストラ、病気、あるいは仕事の深刻な問題を抱えて夜も眠れないという状態で、未知と対面するのが笑える状況であるわけがない。だが逆説的ではあるが、ユーモアと軽さこそ、そうしたシチュエーションに必要なものなのかもしれない。

職場において、笑いは往々にして「おまけ」だ。仕事の時間を少しでも早くやりすごすために、ちょっとした冗談や内輪ネタで笑う程度。むしろ笑うのは愚かで不適切な行為だと見られることもある。仕事がつらいから、重要な状況から逃避したくて笑うのだ、と。

ダブリン出身のポジティブ心理学者ジョセフ・ギアリーは、自分は決してコメディアンタイプではない、と断言している。しかしユーモアセンスを伸ばす方法として、コメディアンの訓練を受けようと決意した。

コメディアン養成学校に入学して最初の週に出された課題は、人生で最も恥ずかしかった体験を詳しく語ることだった。

「正直になって、人を笑わせるために、どれだけ自分のエゴを抑えることができるか。それを把握するのがねらいだと理解した。私はエゴをしっかり制御できる人間だと思っていたから、最初はわくわくした。恥ずかしい体験を深く掘り下げて、赤裸々に語る自信があった」

しかし、初披露の番が来ると、急に恐怖がわきあがってきた。話そうとしている失敗談は、自分にとっては笑い話だが、はたしてクラスメイトは軽く受け流してくれるだろうか。

「青春時代にやらかした話をした。詳細はご想像にお任せしたいが、私が童貞を『半分喪失』した経験の話だ。だが、発表していると、自分が正直な気持ちを隠していることに気づいた。クラスメイトの感想を受け止めようとせず、私は自分のささやかなエゴを守っていた」

ギアリーは、自分の体験談を聞き手が深刻に受け止めてしまうことを恐れた。深刻すぎる人に、人生の笑える面に目を向けてもらうためには、どうすればいいのかと考えていた。

コメディアンになるためのレッスンは、思った以上に苦しく、本人いわく「自信がぼろぼろになった」という。さらに彼を悩ませたのは、人生における大好きなことと大嫌いなことを話すという課題を与えられたときだ。ギアリーはその課題のねらいも理解できた。ありのままの自分と、人生に対する情熱をさらけ出せ、と言われているのだ。

「私は、人を笑わせるためには言葉のマジシャンにならなければいけない、と感じていた。おもしろいことを言って聞き手を誘導すればいいのだ、と。だからそれをうまくやった。私個人が抱く愛情や憎しみは見せなかった。そんなものを聞かせて、聞き手を不安にさせたくなかったからだ。だが、それが間違っていた！ あたりさわりのない話をしていても、聞き手をのめり込ませられるわけがない」

ギアリーがコメディアンのレッスンを受けたのは、ポジティブ心理学者として、「もっと生きやすい世界にしたい」という目標があったからだ。それを叶えるためには、まず自分自身の弱さや不安を見せる必要がある――とギアリーは気づいた。

ユーモアには不安という要素があってもいい。むしろ、それが笑いへの布石になる。神経科学者V・S・ラマチャンドランが提示した「**誤警報理論**（**false-alarm theory**）」が、これを裏づけている。

私たちに一番近い親戚、チンパンジーを例に考えてみてほしい。チンパンジーも、彼らの環境において動揺や混乱を経験し、不安な気持ちになる。蛇を見て恐怖を感じると、チンパンジーは甲高い声をあげ、近くの仲間に警告する。仲間も甲高い声を上げて、警報を広める手伝いをする。しかし、蛇だと思ったものが無害な枝だとわかったら、チンパンジーは新しい声をあげる。「さっきの警報は間違いだったよ」という信号だ。すると仲間も同じ声をあげ、自分たちがばかな勘違いをしたと伝えていく。後者の声は、不安のあとに来る笑いだ。「大丈夫、あわてるな！」という大切な情報を伝える信号として、私たちは笑うのだ。

「未知のものに不安になるのは悪いことではない」とギアリーは言う。「不安になるからこそ、笑いのオチが効いてくる」

ユーモアには困難な状況を鎮める力がある。既知と未知との境界線で生じていた負の感情、心もとない気持ちを乗り越える力になる。自分の弱さや不安を恐れるのではなく、それを別の「オチ」へと転じていけばいいのだ。自分について笑い、状況について笑い、人生に対して軽やかに構えていられるストーリーに転じていけばいい。

その考え方は道化に似ている。スイス在住のリーダーシップ・コンサルタント、アニック・ジンクは、道化とリーダーシップのかかわりについて研究し、「不安定な時代に、リーダーが道化から学べること」という論文にまとめている。そしてプロの大道芸人トム・グレダーとともに、「リーダーシップ・ラボ」というプロジェクトを立ち上げた。リーダーシップに道化のテクニックを取り入れようという試みだ。

「道化は逆転状態を楽しみます。何だかよくわからないもので遊んでみます。遊びながらだんだんに、新しい解釈を生み出していくのです。ビジネスの世界では頭で理解するリーダーシップが主流ですが、道化の練習を通じて、身体と感情と体験を通じて学ぶのです」

複雑な問題に対して、小手先の答え、確実な答えを探そうとするリーダーは、子どもの遊びを体験しながら道化の特質を学び、道化がもつスキルを身につけてほしい――ジンクはそう主張している。

3 好奇心とクリエイティビティ

私に特別な才能はない。ただ好奇心が強いだけだ。

アルバート・アインシュタイン

ロシア人の芸術家、マリア・ネクラソワは、起業家でもあり、ヨーロッパ最高峰のビジネススクールで事務局長も務めている。彼女は好奇心をもつことを日課にしている。

「朝5時。私はカザフスタン空港で列に並んでいます。出張から戻ったところで心身ともにぐったりです。眠気を払うために周囲を見渡していると、かなり高いピンヒールを履いた女性に気づきます。私は笑顔を浮かべ、こう考えてみます――朝5時にピンヒール？　彼女はきっとロシア人ね。そこで、周囲にいる人たちの靴に注目して、どこの出身か想像してみる、という遊びを始めます。先ほどの女性の横にいる青年は、レトロなスニーカーを履いているから、きっとアメリカ人だわ。観察していると、次に、靴下なしでスエードのモカシンを履いた足が目に入ります。外の気温はマイナス10度だっていうのに、明らかにわざとやっているスタイル。案の定、足の持ち主がイタリア語を話すのが聞こえてきて、私は思わず笑ってしまいます。こんなにいろんな足が並んでいるというのがとても気に入って、こっそり足元の写真を撮ります」

マリアは、ふと好奇心をそそられる物事や細部に目を向ける。覚えておけるように写真を撮って、それをパソコンの中の「好奇心を引かれたもの」と名づけたフォルダーに入れておく。被写体は装飾品のこともあるし、貼り紙のこともあるし、ちょっと変わった形で道路に降り積もる雪のこともある。フェンスや建物のような人工物が生み出す影を見て、その建築家とわけもなく連帯感を感じることもある。まるで、ささやかな秘密を共有しているかのような気がするのだ。

それは特別な場所にいるときとは限らない。いつもの生活の中で、個性的な場面や視点が見えてくることもある。

「創作活動をしているという実感はあんまりないんです。見つけているだけなんですから。創造性豊かですね、と言われると、少し恥ずかしくなります。私がしているのは、創るというより、観察すること。誰にでもできることです。ピカソも『優れた芸術家は模倣する。偉大な芸術家は盗み取る』と言いました。私は着想をはっきりさせるために配置を入れ替えたり、トリミングしたり、フィルターをかけたりする程度。そもそものアイデアは、ある意味では私のものではないんです。私はただ気づくだけです」

マリアの好奇心フォルダーの中身は増える一方だ。あらゆることに好奇心を向ける彼女の姿勢の根幹には、世界が秘める豊穣さへの信頼がある。世界はさまざまなことを見せてくれる、いつでも何か注目に値するものがある、と信じている。

「好奇心フォルダーは私のネタ帳ですが、それだけではありません。私たちを取り巻く世界がいかに美しく、楽しく、豊かなものであるか、折に触れ思い出すためのものなんです。遊んでみよう、**観察してみようという気持ちがあれば、世界は本当にたくさんのものを見せてくれます。**そこに意図はありません。ただ堪能することが意義なのです」

好奇心は、私たちを取り囲む世界へ、私たちの目を開かせる。あらためて新鮮な目で見て、新しいつながりに気づくよう、私たちの背中を押す。それはビジネスにおいても、未知の領域で成功していくためにも、絶対に欠かせないことだ。初心をもてるかどうかが創造的な仕事のカギとなる。デザイナーで、アイコニック・コンサルティングという会社の創業者であるベンジャミン・エルベンが、こう言っている。

「広告に携わる者として、デザイナーとして、私はたいていプロジェクトに白紙の状態で臨む。保険、音楽配信、砂糖、自動車安全装置など、クライアントの業界のことも何も知らずに向き合う。そうした姿勢は我が社の強みだ。新鮮で貴重な視点を提供できる。自信があるし、その自信は伝染する」

BOLDNESS
AND VULNERABILITY

4 大胆さと脆さ

自由とは、大胆さの中にある。

ロバート・フロスト（詩人）

未知の世界に対して目と心を開くには、大胆さが求められる。「たとえ未来がはっきりしなくても、リーダーは大胆に意思決定しなければならない」と、フィナンシャル・タイムズ（FT）紙の副CEO、ベン・ヒューズは言う。たとえばFT紙は独自のアプリを開発したが、これをアップルのApp Storeで配信しない決断をした。アップルに30％の収益分配をしないためというより、アプリで得られるデータをFT紙がみずから所有・管理できるようにするためだ。アプリの世界は事実上アップルに支配されていたことを鑑みれば、実に大胆な行動だった。

FTアプリは、アップルのプラットフォームではなくアンドロイドのプラットフォームに対応するものとなった。そして大きくヒットしている。最終的にはアップルもFTの決断を尊重したのだが、当時においては無謀な試みであったことは間違いなかった。

「リーダーの立場にある者は、部下が未知の領域に踏み込み、成果を手にしていけるように、大胆さの手本となるべきだと思う。私はさまざまな方面に相談するし、戦略的な判断や重要な決断についてはもちろんアドバイスを求めるが、いったん決断したら、それに対して自信を見せていなければならない。変容する時代においては特に大切なことだ」

ヒューズは、FT紙を「自信にあふれる」ブランドだと語る。大胆ではあっても「傲慢な」ブランドではない、と。

「私が入社したのは25年以上も前だが、当時のFTは、ある意味で頑固なブランドだった。その後、スタイルがあり、気品があり、それでいて傲慢ではないブランドへと進化してきた。大胆に意思決定する力がなければ、そんなブランドは成立しないと私は思う」

近年の新聞業界は先の見えない変容の時代に突入しているが、FT紙はその変化を受け入れる方法として、新たな流れを試してみる道を選んだ。ビジネスを変革して発行部数を減らすのだ。結果を保証できない大胆な決断だったが、この〝実験〟の一環であるカンファレンス開催事業は確かな成功を収め、拡大している。また、マニーメディア社やエグゼクティブ・アポイントメント社など、新しいデジタルテクノロジーや配信技術を有する企業を次々と買収した。F1イベント「レース・トゥ・モナコ」のような限定イベントも開催するなど、富裕層の読者を斬新な方法でFTというブランドに結びつけた。こうした試みが奏功し、印刷発行部数は減少したにもかかわらず、広告レートは強気の価格設定を維持できている。

ヒューズは、未知に踏み込むことについて語っている人物として、たとえば登山家のジョー・シンプソンに刺激を受けたと話す。映画『運命を分けたザイル』（※訳注　原題はTouching the void「虚空に触れる」）は、このジョー・シンプソンがみずからの遭難と生還の体験を振り返るドキュメンタリー作品だ。

「登るか、それともクレバスへ――ぽっかりと口を開いた虚空へと降りるか、彼は決断を迫られた。何があるかわからない空間へ降りるという大胆な判断こそが彼の命を救ったのではないだろうか。我々もリーダーとしてさまざまな岐路に直面するが、何もしないという選択肢や、とりあえずそのまま続けるという選択肢は存在しないのだ」

「知を振りかざすリーダー」だったアンナ・シミオニ（54ページ）の例を思い出してほしい。彼女は、自分に対する部下の評価を知って衝撃を受けた。絶対に譲ろうとしない、疑いや不安を知ろうとしない、何でも自分で決めすぎる、自分に自信がありすぎる――チームは彼女をそう見ていたのだ。アンナ自身が無意識のうちにつくり出していたイメージだった。それが部下に無力感を抱かせ、当時者意識をもって試練に取り組み成果を出すことができない要因となっていた。

彼女はワークショップを開催して、部下と話し合うことにした。自分自身を議題にし、そのフィードバックについて部下が意見を言う機会を与え、自分を新たな目で見てもらえるようにした。彼女にとって長く厳しい旅の始まりだったが、有能すぎて支配的すぎるという「鎧」を少しずつ脱ぎ捨てていくと、仕事に対する部下の姿勢にも変化が現れた。上司が脆さと人間らしさを見せたことで、チームの能力が開かれたのだ。

「こうした変化を起こすのは簡単だった、とは言えません。私にとって何より難しかったのは、脆いという概念を受け入れることでした。私は強くあるべきだ、私は正しい立場にあるのだ、と思っていたからです。自分が弱いとは思っていませんでした。ですから当初は、自分にも脆さがある『ふり』をしなければならないと考えたんです――本心ではそんなふうに思っていないにもかかわらず。けれど、あのフィードバックからだんだんに、私は脆さをもつ人間になっていきました。今では自分を観察して、鎧で自己防衛しそうなときは、それに気づくことができます。自覚し、過剰な自己防衛を抑制するのです」

アンナは、パワフルで有能であるという、これまで重視してきた部分を手放し、**知らない**ということに対してオープンに向き合える人物として、自分を生まれ変わらせた。この柔軟性は、キーツが「ネガティブ・ケイパビリティ」と呼んだ能力に一致している。

未知の領域に踏み込んでいくとき、脆さを弱点と見るのではなく、強さと勇気の源だと考えることはできないか。ハーバード・ビジネス・レビュー誌に掲載された研究論文によれば、誰かが**勇気を出して自分の脆さを認める姿を見ると、それが刺激となって、ポジティブな雪崩効果が起きる**。[94] 同論文では、ドイツ大手企業の社長をケーススタディとして挙げている。命令的すぎるリーダーシップを改められず、苦戦していた社長は、「弱みはない」という幻想を守るのをやめ、現時点での欠点を認めるという選択をした。60人の上層部が集まる年次総会の場で、自分にはわからないこともあると示し、必要な改革をしていくために手を貸してほしいと語りかけたのである。

脆さを認める率直さは、尊敬に値する大胆なリーダーシップだと評価された。社員の主体性と革新性は目に見えて伸び、結果として企業全体が大きく躍進した。

とはいえ、こうした変化は一夜にして起きるものではない。何らかのシステムの中で他人がかぶせたイメージを振り落とし、違う目で見るよう促すのはたやすいことではない――特に、そのイメージが強固にしみついている場合は厄介だ。お互いの役割は変更しにくい。人は相手に対してイメージどおりであることを期待する。これまでと同じふるまいをするものと思っている。アンナ・シミオニも、過去に振るってきたパワーのせいで、彼女自身が行動を改めてからも、周囲がかぶせたイメージはなかなかぬぐいさることができないと痛感した。共有し協力する上司として新たに役割を確立するには、それなりの時間と忍耐が必要だった。

5 思いやりと共感

ここまでに見てきたとおり、既知と未知との境界線に立たされたとき、私たちは心もとなく、居心地悪く感じ、ときには苦痛にすらも襲われる。予想もしていなかった疑い、不安、怒り、恥の気持ちがふつふつとわきあがってくる。未知は、「私は有能である、状況を掌握している」という自己イメージに疑問をつきつけ、それは本当かと挑んでくるのだ。

自分の無力さを直視させられると、本質的に欠陥のある人間として自己イメージに向き合うよりも、その不快さを避けるほうが簡単だ。自分の不安定な部分、強引な部分、苦戦している部分、至らぬ部分を認めず、そんなものは存在しないふりをする。だが、既知と未知との境界線に立たされたことをしっかり自覚できるなら、認めていなかった部分を受け入れることもできるはずだ。自分の弱さ、失敗、欠陥を心の奥底で、何の言い訳も条件もなしに受け止める。自分でも理解できないことがあっても、嫌悪感を抱かない。そのためには自分自身に対する率直さと懐の広さが必要だ。自分に対する思いやり（compassion）が必要なのだ。

思いやりと共感（empathy）は少し違う。共感が他人の立場に身を置く力であるとすれば、思いやりとは、自己と他者の感情・体験に対して自分から心を開くことだ。

仏教徒の尼僧ペマ・チョドロンは、こう語っている。

「思いやりを示すというのは、傷ついた者と癒す者との関係ではありません。対等な関係なのです。自分自身の闇をよく知る者だけが、他人の闇に寄りそうことができます。お互いがともに人間であると納得するときに、思いやりが実るのです[95]」

ビジネス用SNSリンクトインのCEO、ジェフ・ウェイナーは、自身のマネジメントスタイルの根幹にあるのは思いやりである、と語っている。ウェイナーの説明によれば、思いやりがあれば焦ったマネジメントはできない。人の意見に真剣に耳を傾けるには時間を要するからだ。ウェイナーにとって思いやりとは、人がどんな事情をもっているか理解し、抱えている重荷に配慮することを意味している。

自分に対して思いやりを抱けば、苦しむ人に対しても思いやりを抱きやすくなる。誰にでもそれぞれの試練や苦しみがあるのに、私たちは往々にしてそれに気づかないのだ。アメリカのオハイオ州にある、世界的にも名の知れた病院クリーブランド・クリニックは、それを1本の動画で表現した。「共感する力（Empathy）」と題したユーチューブの映像作品で、他人がひそかに抱えるいきさつを思いやれるなら——それがよいことでも悪いことでも——相手に対する接し方も変わるはずと訴えている[96]。この力は人と人を結びつける。他人のニーズがより明確に理解できるようになれば、それは創造性と革新性にも結びつく。

KNOWLEDGE
and
COMPETENCIES
LEARNING
and
CREATIVITY
SILENCE,
PATIENCE,
DOUBT
and
HUMILITY

6 連帯感——未知の不安にともに備える

誰かの人生を支えるという革命を、私たち一人ひとりが起こしていこうではないか。

ブライアント・エ・マクギル（作家、活動家）

ときに私たちは、たったひとりで未知の世界に放り込まれる。不安を誰かとわかちあうことも、起きていることについて話すこともできない。既知と未知との境界線で、声もなく、本当の自分とは何なのか、いったい自分に何が起きているのか、納得がいかずに苦しむのだ。

ターニャ・ダウンズは、自分は人生の方向性をわかっている、という確信を抱いて生きてきた。だが2009年の暮れに予想もしていなかったおそろしい宣告を受ける。多発性硬化症（MS）と診断されたのだ。

「それまでの私は、私が愛情を込めて『キャプテン・カオス』と呼ぶ上司のもと、仕事に全力を注いでいました。プレッシャーはすさまじかったです。何しろ人員整理で3人も削られ、実質的に私が3人分の仕事をしていましたから。ちゃんとやれていたのか、と聞かれるなら、それはもう上々です。もちろん文句もありましたけど、キャプテン・カオスと一緒に、自分の役割をしっかり果たしていました。自転車に乗るのも好きで、スポーツジムにも頻繁に通って、公私ともにアクティブな人生だったんです」

だが、症状は数年前から始まっていた。吐き気を伴うひどい目眩、チクチクする妙な感覚。しびれが全身に広がってきたと医師に話したところ、神経科医のもとに送られたが、大量のステロイド剤を処方されただけだった。その後、眼球が「ぐらぐらする」という事態になって、ついにロンドンのセントジョーンズ病院の神経科に入院することとなった。

「病室に戻る私に渡されたのは、『多発性硬化症（ＭＳ）と診断されたばかりの方へ』と書かれた薄い資料一式でした。そのあとあらためて、私はＭＳであると宣告されました。それまでの私が一生懸命取り組んできたすべてのことが、もう検討することすら論外になったんです。ほんの少しの単語を言われただけで、私の人生は一変しました」

これからどうなるのか、神経科医にかたっぱしからたずねたが、彼女の将来についてはっきりした答えや見解を示せる医師はひとりもいなかった。ターニャの心の中には、何年も苦しんできた症状の名称がわかってほっとする気持ちと、退行性の病気に対するあきらめの気持ちがあった。ストレスのかかる仕事は辞めなければならない。これからは周囲の支えのもとで生きていくしかない。

「最初に担当になってくれた看護師さんに言われたんです。『自分をサポートしてもらう体制は自分で確保しなきゃいけないのよ』って。おかげで、自分が何をするべきか、ぐずぐず迷わずにすみました」

ターニャはまずMS協会のウェブサイトにアクセスし、チャットフォーラムに参加した。フェイスブックでもMS患者のページがたくさんあることを知った。だがしばらくすると、こうした場所には陰気でネガティブな空気が漂っていると感じるようになった。自分のように多発性硬化症になった女性が連帯する方法は、これ以外にもあるんじゃないだろうか。同じ症状や体験をした者同士、集まって支え合うこともできるんじゃないだろうか――そう考えたターニャは、「患いながら生きる女性たち（Ladies with Lesions）」（LWL）と銘打って、女性MS患者のネットワークを立ち上げた。

現在、LWLのウェブサイトとフェイスブックのグループ（承認制）には、イギリスだけでも1200人以上のメンバーがいる。この成功を足がかりに、さらにほかのサポートグループも立ち上げた。男性患者のためのサポートグループ、患者の家族、友人、介護者のためのサポートグループなど。特に人気で好評を博しているのは、地域ごとのオフ会の実施だ。

「ケーキと飲み物とたくさんの笑顔。それが、私たちのオフ会のお約束です。私は全国でオフ会に参加しています。来てくれた人たちの姿には、必ずといっていいほど、心を打たれます。いつもは自宅を出られない孤独な人たちが、自分の殻を破って交流を楽しんでくれるのですから。多くのメンバーから、LWLがライフラインになった、と言われました。ここでできた友情は何より大事だ、って。腕にLWLのロゴのタトゥーを入れた人もいるんです！」

ターニャは、同じMS患者の役に立てたことを誇らしくも幸せに思っている。もちろん恩恵を受けたのはほかの患者だけではない。今では彼女自身、サポートが必要なときには頼れる先がある。

「今も症状には悩まされています。でも、素晴らしい医療チームもいてくれますし、寛解期を少しでも長くするための治療を受けています。昔の私は未来がどれだけ不安定なものかわかってなかったんだ、とここ数年で悟りました。今の私は、未来は不確かであると知っています。自分がどうなるかわかりませんが、太陽が輝いているあいだは、せいいっぱい生きていくつもりです。私ができることはそれしかないと思うんです」

何があるかわからない原野を手探りでさまようのは心細い。だが、それをひとりきりで耐える必要はない。似たような試練を背負う人と連帯するにせよ、仲間と手を組んで複雑な問題に取り組むにせよ、誰かとともに進む道を見つけられるならば、私たちは未知に対してしっかりと備えていられる。

7　しなやかさ——予期せぬ大規模災害に際して

魚が流れに身を任せるように、熟練した職人が木肌に刀が滑るままとするように、ただ自然と向き合う。自然を導き手として、友として受け止めるとき、生は肩肘を張るものではなく、おだやかで、喜びにすらあふれたものになる。

ジョン・ブロフェルド（思想・宗教研究家）

ステラ・アヴラモプロスは、オーストラリアのメルボルン郊外の丘陵地帯ホイットルシーにある「キルドナン・ユナイティング・ケア」という団体で、CEOを務めていた。キルドナン・ユナイティング・ケアはオーストラリアのコミュニティ団体としてはかなり歴史が長く、設立起源は1881年に遡る。

CEO就任から5カ月も経たない2009年2月7日、メルボルン北東部で大規模な山火事が起きた。警察に勤める夫が無線でこの知らせを聞き、すぐに妻に知らせた。ステラはすべてを投げ出してキルドナンの事務所に駆けつけ、職員を集合させて、山火事発生の中心地であるキングレークに向かった。

「まぎれもない危機が大規模で発生したなら、ぐずぐずせずに、すぐに駆けつける必要があるんです。通常業務をしている場合ではありません。とにかく車に飛び乗って、状況を確認しに行きました」

炎が少し引いてからは、各コミュニティの施設を使って、被災者への緊急支援サービスが始まった。ステラがキングレークに到着した時点で、そこはまるで戦場だった。誰もがパニックで走り回っていた。避難所は1カ所だけで、コミュニティの全員が詰め寄せていた。

「カオスでした。異様な光景も目にしました。わがまま放題をする人がいる一方で、聖書を取り出す人々がいたり、仏教徒がお金を配っていたり。バンを使った即席のラジオ局や、テントを使った即席の銀行もできていました。議員たちは、政府当局の担当者と、避難所を仕切るのはどっちかと口論していました。たどりついた人たちは、みんなの見ている前で、あなたの家族は死んだと告げられていました」

ステラと一緒に現地に赴いたキルドナン職員の中に、グリーフカウンセラーがいた。そこでテーブルをひとつ、椅子をふたつ確保し、車に積んであった書類フォルダーに「カウンセリング・サポート」と書いて即席の看板にした。

「フォルダーをテーブルに貼り付けたら、一気に50人が列をつくりました。名前と番号と事情を書きとめて、データベースをつくりながらカウンセリングに当たることにしました」

そうやって聞き取りとアセスメントのシステムを立ち上げると、事態は徐々に落ち着いていったという。

「こういう緊急事態で、人間は基本に立ち戻ります。食べ物、寝る場所、水、家族……。避難所にいた人たちは、食事と衣服を望み、シャワーを浴びたいと願い、失った家族への思いを聞いてほしいと切望していました(……)彼らが話したいことを、ただそのままに聞く必要があったのです。それが緊急のニーズでした」

夜には避難所から事務所に戻ったステラは、事務所のデスクで腰を落ち着け、紙に必要事項やスケジュールを書き出しながら、戦略的な対応を練った。キルドナン・ユナイティング・ケアがもともともつ機能のうち、この状況で提供できるサービスは主に3つ。ケースマネジメント(※訳注 必要なケアやサービスの体制を整え、管理・運営すること)、金銭面に関する相談、そしてグリーフ・カウンセリング(※訳注 大切な人を亡くした人の心のケア)だ。それ以外の対応については決めずにおくことにした。

「知りたいこと、わからないことはたくさんありましたが、そのままにしました。何が必要とされているのか、この先何が必要となってくるのか、わからないのですから。ただそのときそのとき、その日その日をやっていくことにしたんです。変化していく状況に対応していけるように」

厄介だったのは、政府が山火事対策のガイドラインを刷新していたことだ。キルドナンのような組織が支援に携わるにはどうしたらいいか、どういう形にすればいいのか、誰もはっきりわかっていない。政府がマニュアルをつくるまで3カ月かかるので、その間は独自の対応を立てざるを得なかった。

ステラは、キルドナン・ユナイティング・ケアの出資者たちに連絡をとって、組織の基金を柔軟に使わせてほしい、と求めた。山火事発生から2日後には、キルドナンとして対応できること、できないことが明確になった。

そこで、まずはケースマネジメントにあたるスタッフを新たに20人雇った。柔軟性があり、未曾有の事態にも臆さず対峙できる人材だけを選んだ。また、今回の状況を管理するために組織構造をフラットにした。CEO以下の全員が草の根レベルで働くのだ。従来の縦割階層はふさわしくない。フラットな構造と、フィードバックのループがあれば、組織として機敏に反応していくことができる。

「職員の誰かが午前11時の段階でいっぱいいっぱいになってしまったら、お昼までには事務所に戻らせます。ほかの組織では、仕事を適切にこなせない職員がいても、入れ替えに3週間はかかりました。危機においては、そんな対応では遅すぎるのです」

裁量を分割した新しい意思決定方針をもつことで、キルドナンの職員は、被災地の救援施設にいるメンバーも、事務所にいるメンバーも、予期していなかった状況でそれぞれ判断を下すことが可能になった。お役所主義的な足枷をもたず、現場のスタッフが必要なリソースを確実に入手することができた。

行動するとき、判断するときは、組織で共有するアプローチに立ち戻って確認することにした。

- 特別な局面には特別な方策を必要とする
- 誰にとっても未経験の状況なのだから、それを織り込んで対応する
- チーム内外とのしっかりした協力的態度を崩さない
- 柔軟性と、地域への敬意を忘れず、プロ意識を守る

毎日、何か新しいことが起きる。状況は一晩でも変わる。全員が最新の情報を得ているためにはコミュニケーションが不可欠だ。最初の3週間は1日2回のブリーフィングをした。朝に1回、午後に1回、手短に打合せをするのだ。キルドナン理事会にもステラが毎日報告をした。当然ながら理事はこの非常事態に懸念を感じていたので、ステラは5人の理事をキングレークに案内し、状況を実際に視察させた。理事たちは、自分の目で見て初めて被災地の深刻さを理解し、キルドナンのアプローチを納得した。この頃には全職員の65%が支援対策にかかわっており、職員数も2カ月で43%増えた。

最初の3カ月間、ステラはかなり細かく陣頭指揮を執った。ほぼ毎日キングレークに足を運び、チームと一緒に作業にあたった。

「コミュニティと職員の両方にこまやかにケアしていく必要がありました。支援体制が軌道に乗ってきたら、徐々に私は身を引いて、みんなに現場を任せられるようになりました」

この経験を振り返り、今のステラは語っている。

「パラシュートなしで飛行機から放り出されたような感じでした。とても怖かった。キングレークに着いたときは、あまりにもすさまじい状況だったので、不安で心臓が高鳴っていました。でも、飛行機から落ちながらも、その急変と混乱状態でうまく空を切っていく方法を学んで、対応していけばいいのです。むしろ、そうしているうちに心が鎮まって整理され、目の前がクリアになってきます。このカオス状態を、まずはありのままに受け入れなくては、とすぐに痛感しました。この先どうなるかわからないし、わかると望むほうが筋違いだと悟ったら、気持ちが解放されました。目の前に向き合い、そのとき起きていることに全力で対応できるようになったんです。それに最終的には、うちの組織の力を信じていましたしね」

混沌と混乱のさなかで、ステラは、柔軟性と適応性の高い包括的アプローチで支援活動を導いた。状況に無理に逆らおうとしない。予測できない複雑な状況を制御しようとしない。組織として俊敏さを維持し、変化する状況に向き合い、山火事で被災した多くの家族に対して大切なサポートやサービスを提供したのである。

8

アンチ・フラジャイル——折れず、むしろのびやかに

神経がすっかり擦り切れたあとにも、なお力を振り絞ることができるなら。
すべてを失ったときにも、しがみついていられるのなら——
「しがみつけ」という心の声のほかに、何も残っていなくても。

ジョゼフ・ラドヤード・キップリング（詩人）

アフガニスタンで地雷を踏んだジョン・ホワイトには、失う四肢の数を決める自由はなかった。地雷が、その数を3と決めた。両脚を膝上から、そして右腕を肘からだ。ジョン自身がその瞬間に選んだのは、しがみつくこと。彼は生きることにしがみついた。大腿動脈が切断されれば、致死量の血液が流れ出るまで3分の猶予しかない。2分で、仲間の兵士が彼を発見し、安全な経路で駆けつけて、応急処置を施すことができたのだった。

地雷爆発から4日後、ジョンは、イギリスのバーミンガムにあるクイーン・エリザベス・ホスピタルに新設されたICUで目を覚ました。彼は幸運にも命をつなぎとめていたのだ。

それから数日の記憶はずっとかすみがかかっている。ICUからD病棟に移されたが、カテーテルを挿入され、また容体が悪化した。最初は寝返りすらも打てなかったが、徐々に痛みが収まり、少しずつできることが増えていった。初めて脚の包帯を解かれたときのことを、ジョンは今もよく覚えている。皮膚移植の汚いツギハギ状態を目にすると予想したのだが、視界に飛び込んできたのはふたつのむき出しになった肉の塊。ショックで涙が出かけたジョンに、つきそっていた婚約者のベックスが「大丈夫よ」と言った。

「なんてことないじゃない。予想どおりな感じね」

「上手な嘘だった。なぐさめられた」とジョンは語っている。

ジョンは自分が選ぶ道をふたつに絞った。このまま這いながら死ぬのか、それとも、立ちあがって人生を生きていくのか。

決断に時間はかからなかった。ジョンは後者を選び、理学療法を始めた。利き手の右腕を失ったので、左手を訓練するため、ベックスが子ども用の字の練習帳を買ってきた。自力で車椅子に乗れるようになってからは、朝食後にベッドを出て、服を着て、ベッドを整え、見舞客が来るまで字を書く練習をするのを日課にした。

D病棟に移って2週目に、若い外科医が、脚の状態は順調に回復していますね、と言った。

2週間ほどで退院できるんじゃないでしょうか、と。ジョンはこの言葉を信じ、翌週には担当のコンサルタントに、あと1週間で退院すると告げた。コンサルタントは笑い、その心意気だと言った。幸運の計らいなのか、病棟の入退院管理係が、ジョンがいた部隊の軍医の妹だった。その週のジョンは、彼女を含め病棟の看護師たちに、自分は来週に退院だと告げて回った。翌週には退院の書類がすべてそろった。コンサルタントに、入院生活は残り1泊だけだと告げたとき、コンサルタントはそれに同意した。

「両脚が膝上から、右腕が肘から切断されたというのに、私は28日間で退院した。自分で予言して自分で叶えたというわけだ。『こうしたい』という思いがあり、それに対する確信を周囲全員に伝えていけるなら、ビジョンは実現する。これはリーダーの重要な武器だと思う。部下に『光は必ずある』と言い、それを示していれば、たとえその時点では現実ではなかったとしても、部下はトンネルを抜けるまでリーダーについてくる」

ジョンは苛酷な試練から命を永らえさせただけでなく、むしろこれを成長の踏み台にした。彼はナシーム・ニコラス・タレブが「**アンチ・フラジャイル**（**反脆弱性**）」と呼んだ性質を体現している。タレブは、「アンチ・フラジャイル」の意味を、「レジリエンス（弾力性）やロバストネス（頑健性）の上を行く」と定義している。

「レジリエンスは、衝撃に屈さず、そのままでいる力のことだ。アンチ・フラジャイルは、むしろ痛手を受ける前よりも強くなることだ[97]」

悲劇的な体験を踏まえて、ジョンは以前よりも強くなった。1年と3日後に車椅子を離れてからは、もう一度も車椅子を使っていない。自分の力で歩き、走るどころか、補助もなく特別な器材等の調整もなしに、スノーボートやカヤックもするし、普通の自動車も運転する。結婚し父となり、立派な家を建て、不動産開発事業を始めた。

深刻なダメージから回復した例として、もうひとつ、航空業界の例を挙げたい。この産業は2011年の同時多発テロによって手ひどく打撃を受けた。搭乗者数は激減し、株価急落と大幅な赤字計上につながった。早ければテロの数日後、そうでなくても数週間のうちに、アメリカ国内の航空会社のすべてが雇用削減に踏み切り、全体で14万人以上が職を失った。だが、その流れに与しなかった航空会社がいる。混乱のさなか、2001年10月8日に、サウスウエスト航空CEOのジム・パーカーが驚くべき声明を出した。

「我々はいくらかの損害は進んで被るつもりだ。株価へのダメージも厭わない。我が社で働く人々の雇用を守るために[98]」

サウスウエスト航空は、「人員削減なし」という断固たる戦略に着手した。業界専門家は驚愕したが、その後、同時多発テロから3年間にわたり米航空会社大手10社を追跡した調査によれば、サウスウエスト航空は唯一、その期間の四半期業績で常にプラスを守りつづけた。人員削減の人数のうち、最も大きな割合を占めたＵＳエアウェイズ（25％）は、それとは正反対。

同期間の四半期業績はすべて損失を出しつづけていた。[99]

業界全体を襲った危機的状況で、サウスウエスト航空の回復を支えた主な要因は、社員に対する断固たる決意表明（コミットメント）だった。危機のまっただなかで、ほかの航空会社と同じく組織を縮小すべきという声もあったにもかかわらず、サウスウエストは人を第一とする経営哲学を守った。彼らにとって何より重要な資産――組織の心を守ったのである。

危機の衝撃で瓦解せず、むしろ、強固な絆というれんがを積む。それがサウスウエストを生き延びさせ、さらに高みへとはばたかせた。まさにアンチ・フラジャイルのよい例だ。ある航空業界アナリストがそれをこう表現している。

「彼らは自分たちの仕事でベストを尽くしている。だから混迷の時期にも輝くのだ」

おわりに

贈り物の箱

この本の旅をともに歩いてきたあなたには、今一度、最初に受け取った箱を思い出してもらいたい。美しく包装された贈り物のことだ。あなたはその箱をどうする判断をしただろうか。開けた？　それとも、包装も破らずそのままにしておいた？

古代ギリシャ神話に、プシュケとエロスの物語が出てくる。絶世の美女プシュケは、愛の女神アフロディーテから数々の難題を背負わされる。それをすべて満たせるのなら、プシュケが愛した相手、アフロディーテの息子であるエロスとふたたび一緒になってもいい、と。その難題の最後の試練が、冥府へと下り、冥府の女王ペルセポネから箱をもらってくることだった。箱の中身はペルセポネの美の秘密だという。そもそも冥府から無事に戻った人間はいないに等しく、苛酷な試練だったのだが、プシュケはペルセポネを説得し、その箱をもらいうけた。箱は決して開けてはいけない、というたったひとつの条件とともに。

開けてはならぬと言われたにもかかわらず、プシュケはその「わからないもの」を抱えたままでいることができなかった。もう我慢ができない。どうしても中の秘密が知りたい。冥府からの帰り道で、プシュケは箱を開ける。その途端、箱の中身の力で、プシュケは深い眠りに落ちてしまう。

箱を開けた結果はともかくとしても、プシュケの物語は、「知りたい」という欲望の抗いがたさをありありと描き出している。その欲望が理性を上回り、結果的に私たちを苦しめるときもある。**知らない**ということに対峙するとき、私たちは、これほどまでに強い勢力と戦わなければならないのだ。だとすれば私たちは、どうやって**知らない**ことと向き合えばいいのか。未知を受け入れ、自分から進んで踏み込み、そこにあるものをせいいっぱいに活かせているだろうか。ときには贈り物の包装紙をやぶかぬまま、**知らない**ままでいること自体に、価値が生まれるかもしれないのだ。

知らないのは耐えがたいと思うときもあるだろう。箱があまりにも重く感じられ、心配と不安でいてもたってもいられなくなるだろう。だが、もしかしたらその箱は、すべてを知ってしまった者にとっては羨むしかない贈り物なのかもしれない。人として生きるとは、わからないもの、はっきりしないものを抱いて生きるということだ。私たちには好奇心がある。不思議に思う気持ち、胸を高鳴らせる興奮、これから切り拓いていく可能性がある。そして最後にはきっと気づくのだ――それこそが、**知らない**という姿勢で対峙することによって得られる本当の贈り物なのだ、と。

歩くことによってつくられる道

APPENDIX

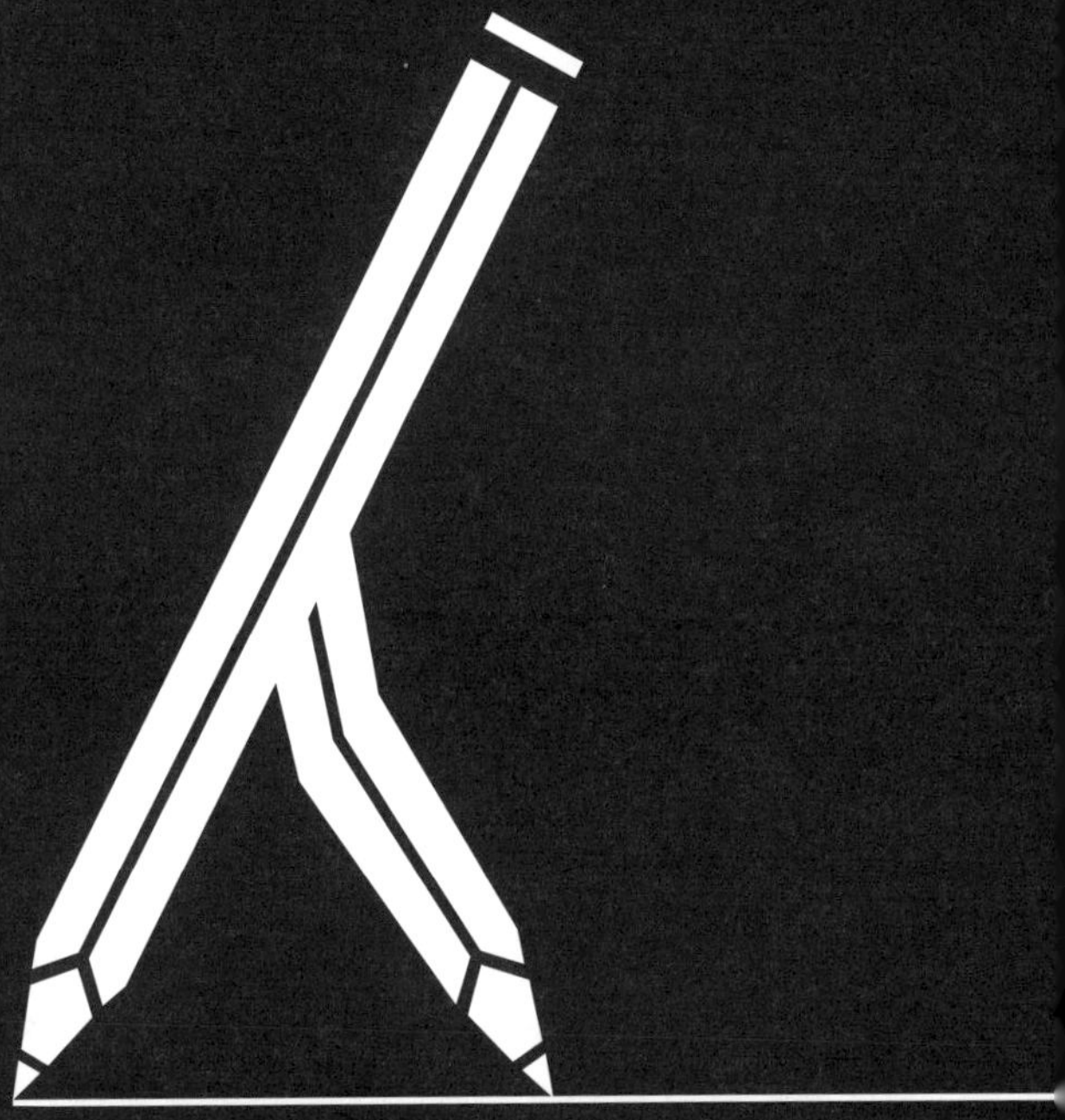

"I WOULD LIKE
TO BEG YOU DEAR SIR,
AS WELL AS I CAN, TO
HAVE PATIENCE WITH
EVERYTHING UNRESOLVED
IN YOUR HEART AND TO
TRY TO LOVE THE
QUESTIONS
THEMSELVES AS IF
THEY WERE LOCKED
ROOMS OR BOOKS
WRITTEN IN A VERY
FOREIGN LANGUAGE. DON'T
SEARCH FOR THE ANSWERS,
WHICH COULD NOT BE GIVEN TO
YOU NOW, BECAUSE YOU WOULD
NOT BE ABLE TO LIVE THEM".

心の中にある、解決されていないことすべてに対して、どうか辛抱強さをもってください。問いが浮かんだときには、その問いを大切にしてください。閉じた扉であるかのように。知らない言葉で書かれた本であるかのように。答えを探そうとしてはなりません。それは与えられるものではないのです。与えられた答えは、自分の中に根づきません。

Rainer Maria Rilke in Letters to a Young Poet

ライナー・マリア・リルケ『若き詩人への手紙』

1 「問い」とともに生きる

オーストリアの詩人リルケはこう言っている――「大切なのは、すべてを胸に生きていくこと。その問いを人生として生きていくこと。そうしていれば、遠い未来のいつの日にか、少しずつ、気づくこともなく、答えへと歩んでいるのかもしれないのだから」。

リルケの精神に沿って、私たちも読者のみなさんに問いかけと実験を提示しながら本書をしめくくりたいと思う。問いの答えは考えないでほしい――少なくとも、すぐに答えを掘り出そうとしないでほしい。ただ気持ちを鎮め、心の中を探り見つめるための場をつくる。人生や仕事で直面している不確かなこと、疑わしいことに、まっすぐに向き合う力を伸ばす。自分の能力がおよぶ範囲の限界に立たされ、その向こうに押し出されようとしているときの、心もとない不安な気持ちに耐える強さを育てる。**知らない**という姿勢で向き合う新しい方法、自分なりの方法を編み出してほしいのだ。

「問う」という行為は、新たな可能性を切り拓く強い力だ。自分自身がもつ知恵を活かしながら、好奇心をもって生きる後押しになる。未知に対して前向きな姿勢でいさせてくれる。

このあとのページに掲載するのは、読者であるあなた自身の旅のきっかけとして、ぜひ探究してほしい問いである。興味を引かれる問いを追いかけてみてほしい。ただし、どうしてもこの問いをつきつめてみたい、答えを導き出さずにいられない、と思ったときも、あまり長い時間をかけて考えないでほしい。既知の情報を斬新な視点で見たり、新たな気づきを引き込む余地を生み出すためには、そのほうが効果的なのだ。

あまり考え込まず、最初に浮かんだ反応を答えにして、どんどん先に進んでかまわない。「そんな答えを言うつもりじゃなかった」「こう答えるべきだろう」「こういう答えなら筋が通るだろう」といった発想はしないでほしい。それよりも、身体の奥底からわきあがってくる感覚に注意する。何らかの感傷や、あるいは何らかの身体感覚が生じてはいないだろうか。

どんな答えが出ても、それがファイナルアンサーだと決めつけないこと。これはクイズ番組ではないのだ。問いを抱きつつ生き、日々の生活の中で思いをめぐらせていけばいい。

考えるコツとして、時間を制限するのも有効だ。問いを読んだらすぐに書く。誰かに問いを読みあげてもらったなら、間髪いれずに浮かんだ考えを口に出す。ポイントは「考えすぎないこと」。1分か2分程度で反応する。最初から詳細なプランなど必要ない。問いを分析せず、ただ心の中に何かが自然とわきあがるままにする。**知らない**という姿勢でいることによって、それまで存在しなかった新たな思いを生じさせるのだ。

あるいは、一日、一週間、もしくはそれより長く問いを考えつづけていくこともあるだろう。

「生きる目的は何か」といった問いならば、人生の中で何度も問い直していくことになる。答えも、問うたびに変わっていくはずだ。

ゆっくりと孵化する「インキュベーションの時間」をもっていれば、新たな情報とともに起きてくること、わきあがってくるものと向き合える。問いを抱いたまま自然散策に出かけて、注意を引かれたものを拾い上げたりしていれば、それが意外な気づきになってくるかもしれない。何かになぞらえてみたり、絵や音楽に触れてみたり、言語化しない方法で問いと遊んでみるのもいいだろう。親しい人にも話してみよう。友人、家族、読書会、ソーシャルメディアから、アドバイスや、さらなる知恵が得られるかもしれない。そうやって自分にとってベストと思える道を見つけていってほしい。

いずれにしても、この試みの何より大切な点は、問いの炎を常に燃やしつづけておくこと。心と身体の全体に、問いを取り込んでいくことだ。「毛穴と骨髄で考えなさい、と禅では教えます」と、禅の尼僧マルティィーヌ・バチェラーが語っている。

「知」についての問い

自分にとって知識とは何か。仕事で有能と見られることをどれだけ重要視しているか。専門知識や経験は、どれだけ自分を助けているか、あるいは妨げになっているか。

職場や自宅での役割において、自分が方向を示さなければならない、はっきりと確実にわかっていなければならない、というプレッシャーを感じた経験はあるか。他人からの期待にどう対応しているか。

権威者とはどんな関係性を築いているか。権威に対して臆さず疑問を投げかけたり、否定したりすることができるか。

自分の役割や状況に対して、変動性、不確実性、複雑性、曖昧性はどのような影響をおよぼすか。

....

....

....

....

....

「既知と未知との境界線」についての問い

自分の知識や専門領域がおよぶ範囲の限界まで来たとき、たいてい、どんな反応をしているか。

生活の中で、固定された思考回路を使っている場面は、どこにあるか。無能に見えること、あるいは無能になることを恐れずにいられるとしたら、どんなことをやってみようと思うか。

既知と未知との境界線に立たされたとき、どんな具合に抵抗感がわきあがってくるのか。

憧れているものは何か。不満に感じている場面、新しいことを始めたいという衝動に駆られる場面は何か。

....

....

....

....

....

....

「カップをからっぽにする」についての問い

個人または組織として、どのような価値理念を抱いているのか。未知に乗り出す基盤として、それをどのように活用できるか。

自分にとって「手放す」とはどういう意味か。自分の命綱をもっている人は誰か。この先もその命綱が支えてくれると、どうしてわかるのか。

最近「わからない」と発言したのはいつか。どんな場面に初心に立ち返って臨むことができるか。

どんな場面なら、安心して「謙虚な疑い」を提示できるか。

……………………………………………………………………………………

……………………………………………………………………………………

……………………………………………………………………………………

……………………………………………………………………………………

……………………………………………………………………………………

……………………………………………………………………………………

「見るために目を閉じる」についての問い

新しい「見る」方法を浮かび上がらせるために、どんな「目」を閉じられるか。

心の声を聞く場所はどうやって見つけるか。

見慣れたものを新鮮な目で見るためには、何をする必要があるか。

思い込みを自覚し、それが正しいかどうか確かめるには、どうすればいいか。

「闇に飛び込む」についての問い

即興で取り組める場を生み出すためには、どんな構造が必要か。

直面している複雑な問題の中で、複数の仮説を立てることによってメリットが得られるものはあるか。

すでにあるものの中から、「とりあえずいじってみる」、つまり実験できるものをどう引き出せるか。

自分の人生において、ミスはどのような役割を果たしているか。ミスと失敗を、学習と成長の機会として歓迎できる状況はあるか。

....

....

....

....

....

....

....

「『未知のもの』を楽しむ」についての問い

人生のどんな場面で、「信じて飛び込む」ことができるか。

軽やかさ、いい意味での気軽さを高める方法は何か。

弱さが強みになる場面はどこにあるか。職場で、どんな工夫があれば、人々が自分の弱みを見せられるようになるか。

未知に直面したとき、どうすれば自他にもっと思いやりを示せるか。

....

....

....

....

....

....

....

....

2 実験

複雑な問題や状況に直面したとき、そこからどう踏み出すか、すべてのステップをあらかじめ把握している必要はない。むしろ必要なのは科学者のような実験能力と、人類学者のような思考回路だ。科学者は複数の仮説を試す方法を考案し、結果を共有し、パターンを探す。考慮に入れていなかった説明が浮上すれば、そちらにもオープンに目を向ける。

人類学者は、周囲で起きているすべてに意識を向ける。感覚を研ぎ澄ませて対峙する。完全に客観的な観察者にはなれないが、自分自身のバイアスを意識し、他人のバイアスにも注意する。

次に挙げるのは、読者のみなさんに試してほしい実験である。**知らない**という姿勢で臨むための4つのテーマ、「カップをからっぽにする」「見るために目を閉じる」「闇に飛び込む」『未知のもの』を楽しむ」ごとに整理した。ひとつ試したら、時間をとって、結果をレビューしてほしい。記録をつけるといいだろう。私たちの経験では、一度目は何の効果も感じられなかった実験が、繰り返すと大きな意味をもってくる場合がある。反復によって深みが生まれ、共鳴の幅が広がるのだ。ときには、繰り返して初めて新しい気づきが得られたり、身についたりすることがある。しかし、何より、楽しんで取り組んでほしいと思う。遊んでみること、気軽にやってみることが、往々にして新しい物事を学ぶ最善の方法だ。自分なりの実験を編み出してもいいいし、目の前の状況に合わせて調整してもかまわない。

「カップをからっぽにする」のための実験

教える

初心に帰るためには、自分が得意なことを、それについて何も知らない人に話す・教えるのがいい。相手は部下でもいいし友人でもいい。勇気があるなら、学校やコミュニティの子どもクラブなどで講演や指導者役を買って出る。子どもは歯に衣着せず感想を言うはずだ。この実験を通じて、専門用語を使いすぎていないか確認し、シンプルなしゃべり方を自分に課す。よく知っているものにあらためて目を向け、もはや不要になっていた部分に気づいたりする効果も期待できる。

片づける

物理的な意味での部屋の片づけは、比喩的な意味でも、精神を片づけてスペースをつくり出すことにつながる。使っていないもの、有用ではないもの（思い込みや決めつけ）をどれほど多く抱え込んでいるか、象徴的に理解する手助けになる。古いものを動かして、新たなものを迎え入れる余地をつくるのだ。まずは小さく始めよう。しばらく触っていなかった引き出しひとつ、食器棚ひとつから始めてみる。長いことほったらかしにしていたもの、1年以上も眠らせていた重要ではないものを見つけたら、廃棄する。空間がすっきりすれば、心の中もどんな気持ちになるか、意識しよう。

ソクラテスになる

古代ギリシャの哲学者ソクラテスは、自分はものを知らぬと断言し、常に問いつづけていたことでも知られている。リスクの低いシチュエーション（昇給の査定などはこれにあてはまらない）を選び、示された問いにすぐに答えないという実験をしてみよう。数秒ほど、黙って考える時間をとる。「わからない」という本心を否定せず、その気持ちをもったままで問いを考える。状況が許すならば、実際に「わかりません」と口に出してよいことにする。質問がひとかけらの食べ物だと想像してみるといい。即座に飲みくだすのではなく、時間をかけて咀嚼するのだ。その問いは自分にとってどんな影響があるのか。問われたときにとっさにどう思ったか。どう反応したい衝動に駆られたか。身体の奥底でどんな感情や気持ちがわきあがったか。永遠に感じられるかもしれないが、本当はたったの数秒だ。この試みにより、意識を高め、自分を省みて観察する余地をつくる。反射的な行動を起こさないブレーキにもなる。

習慣を解きほぐす

私たちは習慣の産物だ。毎日のルーティンのほとんどを考えずに無意識でやっている。歯を磨くときも、出勤するときも、たいてい意識はほかのことに行っているだろう。そうしたなじみきった動作を、まったく違う方法でやってみてほしい。たとえば上着を着るとき、いつもとは反対の腕から袖を通す。靴ひもをいつもと反対から結ぶ。腕を組むとき、上に来る腕を逆にする。イライラして物事を投げ出しやすい癖があるなら、踏ん張ってみる。それでどんな気分がするか意識してほしい。古い習慣を自覚するとともに、別の選択肢があると自分に教えるのだ。

「見るために目を閉じる」ための実験

静寂の音を聞く

沈黙や静寂とは、単に音が「ない」という状態ではない。たとえ世界で一番賑やかな市場にいるときにも、心の中に「静謐」をつくることはできるのだ。1日の中で、静寂をノイズで埋めている場面を自覚し、あえて沈黙を保つ選択をしてみよう。たとえば朝食をつくりながらラジオを流す癖があるなら、それを止めてみる。読書中、食事中にテレビをつけっぱなしにしているのなら、消してみる。それでどんな気持ちがするか探ってみてほしい。気を紛らわせるものに頼ろうとせず、静寂とともにいられる力をつけ、内なる考えや声に意識を研ぎ澄ませる。

部屋の中で世界を旅する

なじみのある場所、自分の部屋、いつも歩く道（通勤ルートなど）を選ぶ。そして、犯行現場を調べるシャーロック・ホームズか、未知のコミュニティを観察する人類学者になったつもりで、ゆっくりと注意深く捜査し、あらゆることに関心を向けてみよう。細部に気づき、感触を意識し、近寄って見たり離れて見たりしながら、真剣に観察をする。もっている感覚をフル活用する。なじみのものはつい飛ばしたくなるので、すべてが自分にとって初めての存在だと仮定する。言葉に頼らず、そのもの自体に意識を払って、貼ってしまったレッテルや思い込みがどれほど邪魔になるか気づいてほしい。感覚を磨き観察力を高めるための実験だ。

耳を傾ける

1日に交わすすべての会話において、相手が話しているときには決して口を挟まず、言いたいことを言い終わるまで真剣に耳を傾けるよう意識する。割って入りたい、善悪を評価したい、判決を下したいという欲求を自覚しよう。まずは相手に100%の意識を向けるのだ。相手が言う言葉、口調、姿勢、表情に好奇心をもつ。その言葉が自分にどう響くか、身体の中でどんな感覚が呼び起こされたか、意識する。傾聴することによって、発想や可能性を共有しやすい連帯の場をつくり出す。

3歳児になってたずねる

私たちはしばしば「なぜ?」と聞くのを忘れ、早急に「どうすればいい?」と聞きたがる。複雑な問題に取り組むときは、やみくもに着手したり、過去のアプローチをそのままあてはめようとしたりせず、3歳の子どものような好奇心で「なぜ?」の答えを追いかけてみよう。「なぜ?」のアプローチがリスキーに思えるのだとしたら、「もう少し教えてもらえますか」のような控えめな質問にすればいい。目的を明確にして、最善の行動に乗り出す助けになる。

「闇に飛び込む」ための実験

部屋の中に象を呼ぶ

即興で対応していくためには、目の前に起きていることを、起きているままに受け入れなければならない。すべてに賛同するという意味ではなく、その存在を認め、手を結び、先へ進むのだ。即興劇で、ひとりの役者が「部屋の中に象がいる」と言ったとする。もうひとりの役者が「いない」と言ったら、芝居はそこで終わりだ。二人目の役者が最初の「振り」を受け入れ、「そう。そしてその象が突進してくる！」と言ったとしたら、芝居はここから転がり出していくはずだ。人の意見を、物語を動き出させるための「振り」と考えてみよう。言われたことを肯定し（「そう」）、自分の考えを足してみる（「そして、」）。双方が互いの意見を聞きつつ、新しいものを共同で生み出せるなら、それは真に創造的な対話となるだろう。

さまざまな仮説を立てる

なじみの環境の中で、問題をひとつ、あるいは状況をひとつ選ぶ。それに対して思いつく限りの仮説を考えてみる。たとえば、レストランで男女二人連れを見かけたとしよう。彼らはどんなふうにこの店に来たのか。兄妹か、いとこ同士か。誕生日を祝っているのか、それとも恋人同士の秘密の逢瀬なのか。こんなふうに、職場でも、状況に対してさまざまな仮説を立てよう。他人と一緒に想像をめぐらせてみれば、さらに多くの選択肢を思いつく。集団思考に陥るのを避けるために、まずは自分の力で仮説を検討し、それからグループで話し合おう。状況に対して多角的な視点をもち、結論に飛びつきすぎるのを防ぐプロセスだ。

90日のトライアルを実施する

「うまくいかない」という決めつけは、変化を阻む壁になる。成功のポテンシャルが開く前に、あわただしくアイデアを殺してしまうのだ。この壁を砕くひとつの方法が、90日間のお試し期間をもつことだ。成功するかどうか不明確なら、アイデアを限定的に3カ月だけ試験運用する。成功しなかったら継続しなければいい。このアプローチなら、普段のやり方に戻るという選択肢が残っているので、新しいことに挑戦する不安を取り除ける。90日あれば、案を軌道に乗せて有効性を確かめるには十分だろう。まずはコストをかけず、迅速な方法で、プロトタイプを実験するのだ。早めにフィードバックを得られるし、大々的な労力や資本を注がずに、大胆なアイデアを試すことができる。

意見をぶつけ合わせる

直面している問題や課題について話し合うため、自分とは異なる立場や見解をもつ人たちを集めよう。同意するかどうか、コンセンサスに至るかどうか、それは重要ではない。差異が表面化し、全員に敬意が払われ、発言の場が与えられることが重要だ。多様な意見が集まれば、見えていなかった異なる側面が浮かび上がってくるというメリットも期待できる。特に自分と正反対の立場にとっての利害が見えてくる（いつもリベラル派の新聞を読んでいるのなら、保守派の新聞を読んでみるのもいいだろう）。この実験のねらいは、視野を広げ、自分の先入観を疑うことだ。相反する意見を同時に考え、それぞれの意見に価値を見出す力もつく。

「『未知のもの』を楽しむ」ための実験

身を軽くする

歩いているとき、身体はどんなふうに動いているだろうか。歩みに集中しているか、緊張して固くなっているか、それとも軽やかに歩いているのか。歯を食いしばっているか、それともリラックスしているか。腹に力を込めているなら、少し息をついてみよう。自宅にいるとき、椅子に座って身体を固くして電話を受けたり、作業をしたりしているのだとしたら、脚を椅子や机の上に投げ出したり、ソファの上に寝そべったりして同じことをしてみよう。身体がリラックスしていれば、凝り固まった思考もほぐれるかもしれない。プレッシャーのもとでも軽やかに、しなやかにいるために実験だ。普段と違う視点で見るきっかけにもなる。

安全基盤をつくる

未知の状況を進むのは心理的な負担となりかねない。ときには先へ進むためには、戻れる場所、励ましをもらえる場所、休息と支援を得られる場所をもっておく必要がある。自分の安全基盤となってくれる人やものを特定しよう。友人かもしれない。グループかもしれない。自分にとって大切な場所が、安全な基盤となるかもしれない。この安全基盤に身を置いて（想像の中で身を置くのでもよい）、具体的にどう支えになるのか考えてみよう。同じようなサポートを、自分はどうやって他人に差し出せるだろうか。

思考にやすりをかける

苦難に遭い、解決力を試され、それによって成長できる場合もある。プレッシャーのもとで築かれた根性が個性となるかもしれない。だが私たちは、未知の前に立たされると、圧力に押されてトゲトゲしい思考に陥りやすい（「いったいどうしてこんなことになってしまったんだ」「こうなるとわかっているべきだった」）。そういう思考にやすりをかけ、なめらかな考え方に変えてしまおう。自分に対して思いやりをもつのだ。自虐的な思考をしていないか観察し、思いやりのある言葉で自分に話しかける癖をつけよう。自分が自分にとって親友になるのだ。

謝辞

この本の執筆は、まさに、**知らない**ことと向き合う旅路だった。著者である私たち自身、既存の知識に頼りそうになり、みずからの問いや疑念に直面して葛藤し、そこから新たな土地へ踏み出して新たな学びや不思議と驚くべき出会いを体験した。その経緯こそが、研究と執筆を導くさまざまな気づきとなっていった。異なる大陸に住む私たちがともに仕事をするという試練は、夜と昼の自然なバランスを活かしてお互いのリズムをつくることで克服した。片方が１日の執筆作業に疲弊してベッドに倒れ込むとき、もう片方がエネルギーにあふれてベッドから起き出し机に向かう。２０１２年5月にハーバード大学ケネディスクールで知り合い、この本の共同執筆と協力関係が実現したことを、私たちはとてもうれしく思っている。

執筆にあたっては多くの著者、思想的リーダー、研究者の方々に刺激を受けた。残念ながら全員を紹介することはできないが、何人かお名前を挙げておきたい。リーダーシップ論に「ネガティブ・ケイパビリティ」という概念を取り入れた研究者、ロバート・フレンチとピーター・シンプソン。アダプティブ・リーダーシップ・モデルを生み出したマーティ・リンスキーとロナルド・ハイフェッツ。プロセス指向心理学を創始したアーノルド・ミンデル。オットー・シャーマーと、彼が設立したプレゼンシング・インスティテュート。「ザ・ワーク」を生み出したバイロン・ケイティ。ゲシュタルト療法を考案したフレデリック・パールズとローラ・パールズ。

また、寛大に経験談やアドバイスを寄せてくれた大勢の方々の存在がなければ、この本は完成しなかった。さまざまな会話で私たちにひらめきをもたらすとともに、本書に収録した例やケーススタディを提供してくれた。すべてをこの本に盛り込むことはできなかったが、その貢献に心からお礼を申し上げたい。もしもお名前を漏らしてしまった方がいたら、決して意図的ではないので、どうかご容赦いただきたい――みなさんのサポートに深く感謝の念を抱いている。

スティーブン・デスーザからの謝辞

私が未知に踏み込むときはいつも支えてくれる大切な家族、シロ、クリスティン、セルウィン、シャーリン、ありがとう。私が倒れるときには助け起こし、リスクに挑んで成長するよう背中を押してくれている。

師であるジョセフ・ピストルイにもお礼を申し上げたい。常に私に可能性を見出してくれ、機知と知恵を示して私の目を開かせてくれる。それからゲシュタルト療法のセラピスト、トミー・ライスネンと、ゲシュタルト療法のコーチおよびトレーニング・グループ・メンバーにも、感謝している。無知との対峙に際して不安を感じるときに、支えの手となってくれた。アッシュリッジ・ビジネススクールで私が教えを乞うた先生方と、IEビジネススクールの同僚たちにも、感謝している。

そして、本書執筆に大きく貢献したすべての方々に、心からお礼の気持ちを伝えたい。

ダイアナ・レナーからの謝辞

アダプティブ・リーダーシップとプロセス指向心理学のコミュニティに参加していることは、私にとって実に貴重な特権だと感じている。ここで得られる多くの経験と気づきに感謝している。

メグ・ウィートリーにもお礼を申し上げたい。2013年11月に交わした会話が、ひらめきとモチベーションの新たな扉を開いた。

プロセス指向心理学者のジェーン・マーティンには、サポートと、原稿への貴重なフィードバックをいただいた。

そして最大の感謝を私の家族に。話し合い、ブレーンストーミングにつきあって、私の発想の穴をつつき磨いてくれた夫のデール。それから、人生で何より大切なもの、すなわち愛と笑顔とたくさんの疑問をもつことを教えてくれる子どもたち、アニカとテオ。ありがとう。

References　引用文献

1 Feinstein, L, Sabates, R, Anderson, TM, Sorhaindo, A, Hammond, C, 'What are the effects of education on health?', Measuring the effects of education on health and civic engagement: proceedings of the Copenhagen Symposium, OECD 2006

2 Taleb, NN, 2007,The Black Swan: the rise of the highly improbable, Random House
ナシーム・ニコラス・タレブ『ブラック・スワン　不確実性とリスクの本質』(望月衛訳、ダイヤモンド社、2009年)

3 Rock, D, 2009, Your Brain at Work: Strategies for Overcoming Distraction, Regaining Focus, and Working Smarter All Day Long, HarperBusiness

4 Wolford, G, Miller MB, Gazzaniga, M, 2000, "The Left Hemisphere's Role in Hypothesis Formation", The Journal of Neuroscience

5 O'Malley, CD, 1964, Andreas Vesalius of Brussels 1514–1564, Univ of California Press, p.74
チャールズ・D・オマリー『ブリュッセルのアンドレアス・ヴェサリウス　1514-1564』(坂井建雄訳、エルゼビア・ジャパン、2001年)

6 Bylebyl, JJ "The School of Padua: humanistic medicine in the 16th century" in Webster, C, ed., Health, Medicine and Mortality in the Sixteenth Century, 1979, chapter 10

7 "Andreas Vesalius (1514–1564) The Fabric of the Human Body", Stanford University website viewed 10 March 2013 http://www.stanford.edu/class/ history13/Readings/vesalius.htm

8 O'Malley, CD, 1964, Andreas Vesalius of Brussels 1514–1564, Univ of California Press, p.98
オマリー『ブリュッセルのアンドレアス・ヴェサリウス　1514-1564』

9 "Why are people overconfident so often? It's all about social status", Haas Now news, UC Berkeley, August 13, 2012, viewed 3 November 2013 http:// newsroom.haas.berkeley.edu/research-news/why-are-people-overconfidentso-often-it%E2%80%99s-all-about-social-status

10 Anderson C, Brion S, Moore DA, Kennedy JA, Mar 2012 "Statement Account of Overconfidence", Journal of Personality and Social Psychology

11 Chamorro-Premuzic, T, 2013, Confidence: Overcoming Low Self-Esteem, Insecurity and Self-Doubt, Hudson Street Press, London

12 'Why are people overconfident so often? It's all about social status', Haas Now news, UC Berkeley, August 13, 2012, viewed 3 November 2013 http:// newsroom.haas.berkeley.edu/research-news/why-

are-people-overconfidentso-often-it%E2%80%99s-all-about-social-status
13 Examples from Dunning D, Heath C, Suls J "Flawed Self-Assessment, Implications for Health, Education, and the Workplace", Psychological Science in the Public Interest, December 2004 vol. 5 no. 369-106
14 Radzevick, JR & Moore, DA, 2011, "Competing to be certain (but wrong): Social pressure and over-precision in judgment", Management Science, 57(1), 93-106
15 Grove, A, McLean B, "Taking on prostate cancer", Fortune Magazine, May 13, 1996, viewed 14 August 2013 http://money.cnn.com/magazines/fortune/ fortune_archive/1996/05/13/212394/
16 Tetlock PE, 2006, Expert Political Judgment: How Good Is it? How Can We Know?, Princeton University Press
17 Heath C, Heath D, 'The curse of knowledge', Harvard Business Review, October 2006
18 Ibid.
19 Tversky, A & Kahneman, D, 1974, 'Judgment under uncertainty: Heuristics and biases', Science, 185, pp1124–1130.
20 Zynga A, 2013, "The Innovator Who Knew Too Much", HBR Blog Network, April 29, viewed 22 August 2013 http://blogs.hbr.org/2013/04/ the-innovatorwho-knew-too-muc/
21 Tetlock PE, 2006, Expert Political Judgment: How Good Is it? How Can We Know?, Princeton University Press
22 Ibid.
23 Schneider A & McCumber D, 2004, An Air That Kills – How the Asbestos Poisoning of Libby, Montana, Uncovered a National Scandal, Berkley Books, New York
24 Goodman A, 2009, "Interview with Gayla Benefield", Democracy Now, April 22, viewed 22 May 2013 http://archive.is/XGNW
25 Ibid, p.8
26 Lee, S, 2004, "GROUND ZERO" Residents still counting costs of mining Zonolite Mountain, March 8, viewed 27 March 2013 http://www. greatfallstribune.com/news/stories/20040308/localnews/45266.html
27 Hertz N, 2013, Eyes Wide Open: How to Make Smart Decisions in a Confusing World, William Collins
ノリーナ・ハーツ『情報を捨てるセンス 選ぶ技術』(中西真雄美訳、講談社、2014年)
28 British Academy Letter to Her Majesty the Queen of England, 22 July 2009, viewed 3 February 2013 http://www.euroresidentes.com/empresa_empresas/ carta-reina.pdf
29 Irwin N & Paley AR, 2008, "Greenspan Says He Was Wrong On Regulation", Washington Post, October 24, 2008
30 World Chess Federation (FIDE) Ratings list viewed 17 March 2014 http://ratings.fide.com/download.phtml
31 Gigerenzer, G, 2003, Conversations at the Edge, viewed 1 September 2013 http://www.edge.org/conversation/smart-heuristics-gerd-gigerenzer

32 Gardner D, 2011, Future Babble: Why Pundits are Hedgehogs and Foxes Know Best, Plume
ダン・ガードナー『専門家の予測はサルにも劣る』（川添節子訳、飛鳥新社、2012年）
33 Burton R, 2009, On Being Certain, St. Martin's Griffin
ロバート・A・バートン『確信する脳「知っている」とはどういうことか』（岩坂彰訳、河出書房新社、2010年）
34 Festinger L, 1957, A Theory of Cognitive Dissonance, Stanford: Stanford University
フェスティンガー『認知的不協和の理論 社会心理学序説』（末永俊郎訳、誠信書房、1965年）
35 Commission on Presidential Debates, September 30 2004, Debate Transcript viewed 17 March 2013 http://www.debates.org/index.php?page=september30-2004-debate-transcript
36 van Eemeren, FH & Benjamins, J, Examining Argumentation in Context: Fifteen Studies on Strategic Maneuvering, editors, John Publishing Company 2009, p.29
37 BBC News Europe 2011, "Kaczynski air crash: Russia blames Polish pilot error", 12 January, viewed 10 October 2013 http://www.bbc.co.uk/news/ world-europe-12170021
38 Kurzweil, R, 2002, "The Intelligent Universe", Edge Conversations 11 May, http://www.edge.org/conversation/the-intelligent-universe
39 Ackerlof GA, 2013, "The Cat in the Tree and Further Observations: Rethinking Macroeconomic Policy", iMFdirect, 1 May, viewed 3 June 2013 http://blogimfdirect.imf.org/2013/05/01/the-cat-in-the-tree-and-further-observationsrethinking-macroeconomic-policy/
40 Ibid.
41 Ibid.
42 Adams T, 2012, "This much I know: Daniel Kahneman" The Guardian, 8 July, viewed 13 July 2013 http://www.theguardian.com/science/2012/jul/08/thismuch-i-know-daniel-kahneman
43 Snowden, D, 2012, "Cynefin: Revised Leadership Table", 1 Dec, Cognitive Edge Network Blog, viewed 10 January 2013 http://cognitive-edge.com/blog/ entry/5802/cynefin-revised-leadership-table
44 Snowden, D & Boone, M, 2007, "A Leader's Framework for Decision Making", Harvard Business Review, November, p.5
45 Pillay SS, 2011, Your Brain and Business: The Neuroscience of Great Leaders, FT Press
46 Langer, E 1975, "The Illusion of Control", Journal of Personality and Social Psychology, Vol.32, No.2, pp.311-328
47 境界線の気づき方についての考察は、プロセス指向心理学者スーザン・ハッチの助力を得た。
48 Brown, B, 2012, Daring Greatly: How The Courage to Be Vulnerable Transforms the Way We Live, Love, Parent and Lead, Gotham
ブレネー・ブラウン『本当の勇気は「弱さ」を認めること』（門脇陽子訳、サンマーク出版、2013年）
49 Dweck, C, 2007, Mindset: How We Can Learn to Fulfill Our Potential,

Ballantine Books
キャロル・S・ドゥエック『「やればできる!」の研究　能力を開花させるマインドセットの力』（今西康子訳、草思社、2008年）
50 Rock, D, 2009, "Managing with the Brain in Mind", strategy + business August 24, viewed 14 February 2014 http://www.strategy-business.com/ article/09306?pg=all
51 Fletcher, A, 2001, The Art of Looking Sideways, Phaidon Press 5
52 "Burke and Wills' Fatal Error", Radio National Bush Telegraph, 7 August 2013, viewed 2 February 2014 http://www.abc.net.au/radionational/programs/bushtelegraph/burke-and-wills-fatal-error/4869904
53 Ibid.
54 Ibid.
55 Harrison, D, 2013, "Annie King: more than a footnote in the mystery of the Burke and Wills expedition", The Sydney Morning Herald, viewed 3 February 2014 http://www.smh.com.au/national/annie-king-more-than-a-footnote-inthe-mystery-of-burke-and-wills-expedition-20130921-2u6fj.html
56 Bion, W, 1980, Bion in New York and São Paulo. Strath Tay, Perthshire: Clunie Press, p.11
57 "The Letters of John Keats: A Selection". Ed, R. Gittings. Oxford: Blackwell, 1970, p.43
58 French, R, Simpson, P, Harvey C, "Negative Capability: A contribution to the understanding of creative leadership". In: Sievers, B, Brunning, H, De Gooijer, J and Gould L, eds. (2009) Psychoanalytic Studies of Organizations: Contributions from the International Society for the Psychoanalytic Study of Organizations, Karnac Books
59 Yunnus, M, 2012, "One Young World 2012 Summit", viewed 25 January 2014 https://www.youtube.com/watch?v=USddwTvRdJc
60 Ibid.
61 Hlupic, V, 2001, "Increasing profits by giving up control", 21 November, viewed 10 March 2014 http://www.youtube.com/watch?v=4a0YxGC7aul
62 Davis, J, 2013, "How a Radical New Teaching Method Could Unleash a Generation of Geniuses" 10 May, viewed 20 January 2014 http://www.wired. com/business/2013/10/free-thinkers/
63 Kreider, T, 2013, "The Power of 'I don't know'", New York Times, Opinionator, April 29
64 Simpson, PF, French, R, Harvey CE, 2002, "Leadership and negative capability", Human Relations 55; 1209; p.1211
65 de Botton, A, 2002, The Art of Travel, Hamish Hamilton
アラン・ド・ボトン『旅する哲学　大人のための旅行術』（安引宏訳、集英社、2004年）
66 Marvel MK, Epstein RM, Flowers K, Beckman HB, 1999, "Soliciting the patient's agenda: have we improved?" JAMA 281(3):283-287
67 Scharmer, OC, 2007, Theory U: Leading from the Future as It Emerges, Cambridge, MA: Society for Organizational Learning
オットー・シャーマー『U理論　過去や偏見にとらわれず、本当に必要な「変

化」を生み出す技術』（中土井僚・由佐美加子訳、英治出版、2010年）
68 Scharmer, OC, 2008, "Uncovering The Blind Spot of Leadership", Leader to Leader Vol. 2008, Issue 47, pp.52-59
69 Ungunmerr-Baumann, M, Eure-ka Street TV, viewed 13 March 2014 https://www.youtube.com/watch?v=k2YMnmrmBg8
70 Creative Spirits, "Deep Listening", viewed 15 March 2014 http://www. creativespirits.info/aboriginalculture/education/deep-listening-dadirri
71 Joyce, P, Sills, C, 2010, Skills in Gestalt Counselling & Psychotherapy, Sage Publishing
72 O'Malley, CD, 1964, Andreas Vesalius of Brussels 1514–1564, Univ of California Press
オマリー『ブリュッセルのアンドレアス・ヴェサリウス　1514-1564』
73 Ibid. p.82
74 Ibid. p.87
75 Ibid.
76 Batchelor, M, 2008 "What is This?", Tricycle Magazine Fall issue
77 Bolte Medical website viewed 12 December 2013 www.boltemedical.com
78 Intuit Network, 2011 "Leadership in an Agile Age", April 20, viewed 26 January 2014 http://network.intuit.com/2011/04/20/leadership-in-theagile-age/
79 Ibid.
80 Eisenberg, B, 2013, "Leadership in the Age of Agility and Experimentation", Mar 22, viewed 26 January 2014 http://www. bryaneisenberg.com/leadership-in-the-age-of-agility-experimentation/
81 Intuit Network, 2011, "Leadership in an Agile Age", April 20, viewed 26 January 2014 http://network.intuit.com/2011/04/20/leadership-in-theagile-age/
82 Wilson, I, 2012, "A hitchhiker's guide ...: Myersville man gives filmmaker John Waters a ride", FrederickNewsPost.com, May 24
83 Rosen, J, 2012, "Baltimore Insider', The Baltimore Sun, May 22
84 Itzkoff, D, 2012, "John Waters Tries Some Desperate Living on a Cross-Country Hitchhiking Odyssey". The New York Times, May 25, viewed 20 March 2014 http://artsbeat.blogs.nytimes.com/2012/05/25/johnwaters-tries-some-desperate-living-on-a-cross-country-hitchhikingodyssey/?_php=true&_type=blogs&_php=true&_type=blogs&_r=1
85 Dunn, M, 2012 "Stepping into the unknown – adventurers working towards nailing extreme challenges like Felix Baumgartner", Sunday Herald Sun, Oct 28, viewed 29 July 2013 http://www.dailytelegraph.com.au/news/the-last-six-frontiers/story-e6freuy9-1226504379167
86 "Works of Franklin D. Roosevelt, Address at Oglethorpe University, May 22, 1932", New Deal Network, viewed 10 December 2013 http://newdeal.feri.org/speeches/1932d.htm
87 "Is this Obama's FDR style 'experiment' for our economy?" Klein Online, September 9, 2012, viewed 13 December 2013 http:// kleinonline.wnd.com/2012/09/09/is-this-

obamas-fdr-style-experimentfor-our-economy/#
88 Miller, M, 1983, FDR: An Intimate History, Garden City, N.Y., p.263, quoted on http://georgiainfo.galileo.usg.edu/FDRarticle1.htm#anchor329597
89 Singer, SJ & Edmondson, AC, 2006, "When Learning and Performance are at Odds: Confronting the Tension", p.10, viewed 3 February 2014 http://www.hbs.edu/faculty/Publication%20Files/07-032.pdf
90 Ibid.
91 Ibid. p.15
92 Ibid.
93 "The IDEO Difference", Hemispheres, United Airlines, Aug 2002, p.56
94 Fuda, P & Badham, R, "Fire, Snowball, Mask, Movie: How Leaders Spark and Sustain Change", Harvard Business Review, Nov 2011
95 Chödrön, P, 2002, The Places That Scare You: A Guide to Fearlessness in Difficult Times, Shambhala Classics
ペマ・チョドロン『チベットの生きる魔法　苦しみも怒りも喜びに変えて心安らかに暮らす方法』（えのめ有実子訳、はまの出版、2002年）
96 The Cleveland Clinic http://www.youtube.com/ watch?v=cDDWvj_q-o8
97 Taleb, N, 2012, Antifragile: Things That Gain from Disorder, Random House
98 Visser, C, 2005, "Organizational Resilience in Times of Crisis", viewed 29 December 2013 http://articlescoertvisser.blogspot.com.au/2007/11/ organizational-resilience-in-times-of.html
99 Ibid.

スティーブン・デスーザ

企業コンサルタント、ディーパーラーニング社取締役。エグゼクティブ研修を専門とし、リーダーシップ、組織開発、ダイバーシティなどをテーマに研修・講演などを行なう。アクセンチュア、バンクオブアメリカ、クレディスイス、ゴールドマンサックスなどが主なクライアント。IEビジネススクール（ヨーロッパNo.1ビジネススクール）准教授。

ダイアナ・レナー

企業コンサルタント、Not Knowingラボ所長。組織戦略、アダプティブ・リーダーシップ、組織の複雑性理論などが専門。ハーバード大学ケネディスクール、アデレード大学、テキサス大学などでリーダーシップ・プログラムを教える。

上原裕美子

1976年東京生まれ、翻訳者。主な訳書に『いつでもどこでも結果を出せる自己マネジメント術』（サンマーク出版）、『すべては「先送り」でうまくいく』（ダイヤモンド社）、『これからの経営は「南」から学べ』（日本経済新聞出版社）、『反転授業』『反転学習』（ともにオデッセイコミュニケーションズ）などがある。

不確実《ふかくじつ》な世界《せかい》を生《い》き抜《ぬ》くための思考変革《しこうへんかく》

「無知《むち》」の技法《ぎほう》　Not《ノット》 Knowing《ノウイング》

2015年11月20日　初版発行

著　者　スティーブン・デスーザ
　　　　ダイアナ・レナー
訳　者　上原裕美子
発行者　吉田啓二

発行所　株式会社日本実業出版社　東京都文京区本郷3－2－12　〒113-0033
　　　　　　　　　　　　　　　　大阪市北区西天満6－8－1　〒530-0047
編集部　☎03-3814-5651
営業部　☎03-3814-5161　振　替　00170-1-25349
http://www.njg.co.jp/

印刷／壮光舎　製本／共栄社

この本の内容についてのお問合せは、書面かFAX（03-3818-2723）にてお願い致します。
落丁・乱丁本は、送料小社負担にて、お取り替え致します。

ISBN 978-4-534-05329-9　Printed in JAPAN